五輪スタジアム
「祭りの後」に何が残るのか

岡田 功
Okada Isao

a pilot of wisdom

目次

＊文中写真は、クレジットのないものはすべて著者撮影

はじめに

ホワイト・エレファント（白いゾウ）。使い道がないのに維持費だけが高くつく建物や設備のことを指す英語である。「無用の長物」と訳されることが多い。

語源はタイの逸話とされる。白いゾウはとても珍しく、昔のタイでは神聖な動物として、捕獲されると王様に献上される習わしがあった。ゾウは大食漢でエサ代が高くつく。そのため王様は、気に入らない家来にあえてその白いゾウを与えたという。家来はそれを使うことも、乗ることも、処分することもできず、エサ代がかさんで破産に追い込まれるからである。

近年、五輪施設はこのホワイト・エレファントに例えられることが多い。過去、多くの五輪施設が具体的な後利用の方法や長期的な維持管理・修繕コストを考慮しないままに建設・改修されてきたためで、強い批判の目が向けられている。五輪施設が大会後に有効に利用されず、十分な収入を生み出せなければ、最後は納税者がそのツケを払わなければならないからだ。

実際、五輪開催の運営費用や関連のインフラ投資などが当初予算を大きく上回ることは珍しくない。オックスフォード大学の調査によると、一九六〇年スコーバレー（米国）冬季大会から二〇一六年リオデジャネイロ夏季大会までの計三〇の大会で、大会運営と会場建設に伴うコスト（インフラ整備費は除く）だけを見ても平均で一五六％の予算超過が起きていた。予算超過の度合いが最も大きかったのは、巨額赤字を計上した一九七六年モントリオール夏季大会の七二〇％。また、最も費用がかさんだのは二〇一四年ソチ冬季大会の二一八億九〇〇〇万ドルで、日本円に直すと二兆三六四一億円にのぼった。インフラ整備費を加えるとさらに膨大な額にのぼる。

雪だるまのように膨れ上がる費用負担に住民が不安と批判を募らせ、二〇二二年冬季大会招致ではオスロ、ミュンヘン、ストックホルム、サンモリッツ（スイス）、クラクフ（ポーランド）などの各都市が、二〇二四年夏季大会招致ではボストン、ブダペスト、ローマなどがそれぞれ途中で招致活動を断念する事態に発展した。危機感を募らせた国際オリンピック委員会（ＩＯＣ）が、二〇二四年夏季大会と二〇二八年夏季大会の開催都市をパリ、ロサンゼルスに同時決定する異例の措置を取ったことは記憶に新しい。

とりわけホワイト・エレファントに陥りやすいのは、収容人数が通常七万人を超す巨大な夏季五輪スタジアムである。大観客席を埋めるイベントの需要が限られるうえに、維持管理・修繕費が莫大《ばくだい》な額にのぼるからである。建物は完成すればそれで終わりではない。竣工《しゅんこう》から解体・廃棄されるまでの期間に建設費のおよそ四〜五倍の費用（ライフサイクルコスト）がかかるといわれている。また、事務所ビルを四〇年程度良い状態に保つためには建設費の九倍のコストが必要との研究もある。

一方で、目を引く魅力的なデザインの五輪スタジアムは、大会招致を勝ち取る切り札であることも事実である。それだけに開催都市の悩みは深い。

私は二〇一六年秋から二〇一八年にかけて、五輪スタジアムを研究テーマに、リオデジャネイロ夏季大会を除き、一九七二年ミュンヘン夏季大会から二〇一二年ロンドン夏季大会までの夏季五輪開催地をめぐった。

各国の五輪スタジアムがどのような現状にあり、どの程度利用されているのか。有効利用するための条件は何か。五輪大会後の努力で、ホワイト・エレファントから脱却することは可能なのかどうか。

二〇二〇年東京五輪が開催されるのを前に、解き明かそうとしたのは以上の問いである。この間、ハーバード大学とオックスフォード大学に客員研究員として籍を置き、調査・研究を行ったが、交流した多くの学者・研究者から「世界中を旅して、なんて楽しそうな研究なんだろう」「幸運でうらやましい」と口々に言われた。

しかし、本当に幸運だったのは、調査・研究を行った二〇一六〜二〇一八年の期間が、五輪スタジアムにとって「画期の年」だったことである。

モントリオールではかつてないタイプの核テナント（中心的な施設の利用者。スタジアムでは通常、プロスポーツクラブや競技連盟、時にはショッピングモールなど）が五輪スタジアムに入居し、モスクワでは建て替えが行われ、ロサンゼルスでは運営主体が官から民へと移った。逆にシドニーでは民から官へと所有権が買い戻され、これから新しいビッグプロジェクトが始まろうとしていた。対照的にホワイト・エレファントとして放置されたままの五輪スタジアムもあれば、アトランタでは土地ごと売却されてしまった。

本書では、知られざる五輪スタジアムの現状と苦悩と性《さが》のほかに、自治体の怠慢や行きあたりばったりの計画、逆に戦略的なビジョンなども詳《つまび》らかにしている。

東京はもちろんのこと、過去と未来の五輪開催都市にとって一助となれば望外の喜びである。

※為替は、二〇一九年一〇月末のレートに基づき一ドル＝一〇八円、一ユーロ＝一二〇円、一ポンド＝一四〇円、一カナダドル＝八二円、一豪（オーストラリア）ドル＝七四円、一ロシア・ルーブル＝一・七円、一中国元＝一五円、一ブラジル・レアル＝二七円で計算した。

第一章　世界の五輪スタジアム

（一）「建て替えできない」スタジアムの生存戦略
――オリンピアシュタディオン（一九七二年ミュンヘン）

ナチスの色を消せ！

ミュンヘン市の中心部から地下鉄で一〇分あまり。オリンピアエントラム駅で下車すると、緑あふれるオリンピック公園へと向かう歩道が伸びていた。

五分ほど歩くと目に飛び込んできたのがオリンピアハレ（オリンピック・ホール）。一九七二年ミュンヘン夏季五輪大会で体操とハンドボールの会場として使われた施設だ。地面から斜めに高く突き出た幾本もの鉄柱から、銀色に鈍く光る巨大な蜘蛛《くも》の巣に見えるテント風の吊《つ》り屋根が四方八方へと張りめぐらされていた。

その先へ進むと、さらに巨大な蜘蛛の巣状の吊り屋根を持つオリンピアシュタディオン

蜘蛛の巣状のテント風吊り屋根を備えたミュンヘン五輪スタジアム
＝2017年７月撮影

（五輪スタジアム）が見えてきた。ミュンヘン大会で開閉会式と陸上種目が行われた主会場である。これら独特の形状をした吊り屋根は、建築界で最も権威あるプリツカー賞を受賞したドイツの著名な建築家フライ・オットーによる設計だ。

ミュンヘンでは毎年九月下旬から一〇月初めにかけて世界最大規模のビール祭り「オクトーバーフェスト」が開かれ、世界中から多くの観光客を集める。その祭りを彩るのが、カラフルな内装が凝らされ、六〇〇〇人以上を軽く収容できる巨大なテントの数々で、テントはいわばミュンヘンの顔。そのテントが五輪スタジアムの屋根のモチーフとなっている。

広さ約三〇〇ヘクタール。東京・日比谷公園の二〇倍近い面積を持つ広大なオリンピック公園には、六万九二五〇人収容の五輪スタジアムと有名アーティストのコンサートがたびたび開かれるオリンピック・ホールのほかに、五〇メートルの温水プールや飛び込み台を擁するオリンピック・スイミング・プール、高さ二九一メートルで展望デッキや回転レストランを備えたオリンピック・タワー、五輪開催時のボクシング会場を改修して造られたアイススケート場などが点在する。また、小高い丘や水鳥がすむ湖など、美しい光景も広がる。

緑豊かな自然公園のように目に映るが、「実は公園内の起伏や湖のすべてが人工的に、計画的に造られたものです」と、市の一〇〇%出資による運営会社「ミュンヘン・オリンピック公園」の広報責任者、トビアス・コーラー[*1]が説明してくれた。

第二次世界大戦中、あたり一帯は戦闘機が離発着する軍用飛行場だった。集中爆撃にさらされて、戦後はクレーターのような穴が無数にあいていた。膨大な量の瓦礫《がれき》がかき集められて土地の起伏となる。そして一九七二年のミュンヘン大会を機に、瓦礫の上に平和を象徴するオリンピック公園が築かれたのだという。

ミュンヘン五輪は、ドイツが第二次世界大戦後初めて開いた大規模な国際イベントだった。そのため、ナチス色を消し去り、デモクラシー（民主主義）を強調することに重きが置かれた。公園内の施設からはナチスを連想させる赤と黒色が排除され、緑・青・銀・オレンジ色に染め上げられた。またコーラーは、「五輪開催期間中、警察官は制服を着用せず、ソフトな警備に努めた」と話した。

オリンピック公園は、五輪開催から四五年以上経《た》った今でも、市民に愛される憩いの場としてにぎわう。二〇一七年は三九〇万人が、また四六年間の累計で二億一一〇〇万人が公園内で開かれる各種イベントにチケットを購入して入場したという。ミュンヘン市の全人口が約一四五万人だから、単純計算で全市民が年三回弱訪れていることになる。オリンピック公園がいかに愛されているかがよく分かる数字である。

公園の北側に広がるのは当時、各国の選手・関係者一万人が滞在した選手村。五輪期間中、パレスチナのテロ組織「黒い九月（ブラック・セプテンバー）」がイスラエル選手団一一人を人質にたてこもった事件の舞台でもある。現在は高級住宅地に生まれ変わった。公園東隣には高級車ＢＭＷの本社・工場も位置する。

建て替え構想の頓挫

五輪スタジアムに話を戻そう。

コーラーの案内で、スタジアムの中へ入った。フィールド上は週末のイベントのためにちょうど仮設の舞台を作っているところで、何台もの重機が忙しく動いていた。

スタジアムの座席はすべて薄い緑色、通路はオレンジ色に統一され、まるで緑の絨毯《じゅうたん》の中に幾筋もの道が伸びているように映った。スタジアムのＶＩＰルーム奥には五輪で実際に使用された聖火リレー用のトーチや、メダルなどを並べた記念資料室もある。記念資料室で出迎えてくれたのは、民族衣装をまとった若い女性の等身大パネル。ミュンヘン五輪でスウェーデン国王（当時は皇太子）担当のコンパニオンを務めたことがきっかけで結婚したシルヴィア王妃の写真だった。

美しい造形のスタジアムだが、残念なことに使い勝手の点では近代的なスタジアムに遠く及ばない。まず、VIPルームを除けばスタジアムの中で火を扱うことができないため、場内に食べ物や飲み物を売る売店がない。観客席をぐるりと囲むコンコース上に仮設の売店が点々と配置されているだけだ。トイレも、多くが階下へ通じる長い階段を上り下りしなければ利用できない。また表示も少なく目立たない。車いす用の座席スペースはあったが、エレベーターなどのバリアフリー設備は見当たらなかった。歴史的な遺産を保護する観点から、スタジアムのオリジナルの形に手を加えることが禁じられている影響だろう。

運営会社のマリオン・ショーン社長によると、例えばオリンピック公園内の樹木を一本でも伐採すると、必ず同じ本数の木を植樹しなければならないなどの細かく厳しい規制があるという。その規制は施設の細部にいきわたる。

この五輪スタジアムには、独サッカー・ブンデスリーガの名門FCバイエルン・ミュンヘンと、同リーグ所属のTSV1860ミュンヘンが、五輪開催年の一九七二年以降、長らく本拠地を置いていた。FCバイエルンは世界屈指の強豪クラブ。かつて皇帝と呼ばれ、二〇〇六年FIFA（国際サッカー連盟）ワールドカップ（W杯）ドイツ大会の組織委員長を務めたフランツ・ベッケンバウアーをはじめ、近年でもドイツ代表としてW杯歴代最多得点の記録を持つミロスラフ・クローゼら多くのスター選手が在籍した。

一方のTSV1860は、約二万人の会員を擁する同国最大の総合型地域スポーツクラブ。中でもサッカー部門は一九六五～一九六六年シーズンにリーグ優勝の経験がある古豪だ。両クラブを核テナントに擁していたため、五輪スタジアムには毎年多くの観客が訪れ、運営会社の経営も潤っていたという。

岐路を迎えるのは二〇〇六年W杯招致が決まったあとだ。大会会場として利用されることが期待されたが、FIFAの基準に照らし合わせると、①五輪スタジアムを象徴するテント風吊り屋根が観客席の半分しか覆っていない、②五輪大会後もフィールドに陸上トラックが残っている、[*2]③陸上トラックが残る影響で観客席とプレーをする選手との距離が遠く、臨場感に欠ける――ことが問題視された。

五輪スタジアムをFIFA基準にかなったサッカー専用競技場として建て替えるか、それとも別の場所にサッカー専用競技場を新設すべきか。二案は市民を巻き込む大論争に発展した。サッカー専用競技場の新設について賛否を問う住民投票では六五％以上が新設を支持した。

長い議論は、五輪スタジアムの設計者の一人であるオットーが建て替え計画に反対を表明したことで終止符が打たれた。建て替え構想の頓挫を受けて、ＦＣバイエルンとＴＳＶ１８６０は共同で、悲願だったサッカー専用競技場の建設に着手した。

このような経緯から、両クラブが計三億四〇〇〇万ユーロ（四〇八億円）を投じて建設したのがアリアンツ・アレーナだ。[*3] 客席数は七万五〇〇〇席。五輪スタジアムから北東に七キロほど離れた市有地に建ち、Ｗ杯でも大会会場として利用された。スタジアムが完成した二〇〇五年、両クラブはそろって本拠地を五輪スタジアムから移転する。[*4]

アリアンツ・アレーナは繭《まゆ》のような外観を持ち、ミュンヘンのランドマークになっている。表面はフッ素加工された半透明の特殊フィルムで覆われ、試合開催日にはクラブカラーであるＦＣバイエルンの赤、ＴＳＶ１８６０の青、ドイツ代表戦では白い光を発する。

ＦＣバイエルンとの密約

両テナントが去ったと同時に、五輪スタジアムは多くの収入源を失った。例えばＦＣバイエルンの試合では、スタジアム運営会社はチケット料の一〇％、スタジアム内の看板広告料の全額、飲食物を販売する売店の収入全額を受け取っていた。これが少なくともリーグ戦の主催一七試合分ごっそりなくなるわけだから、運営会社にとっていかに経営上の打撃を受けたかは容易に想像がつく（ただし、試合の警備コストや電気・水道などの公共料金は、スタジアム運営会社側が負担していた）。

これに対し、ＦＣバイエルンが得ていたのはチケット料収入の残り九〇％、グッズ販売収入の全額、放映権料の全額、その他スポンサー収入などにとどまる。だから自前のサッカー専用競技場を造れば、運営がもっと自由になり、収入も増し、スター選手をさらに獲得してチームの強化を図ることができる、と考えるのも当然のことだった。

ショーン社長によれば、「（スタジアム運営会社は）ＦＣバイエルンとＴＳＶ１８６０に代わる核テナントの誘致を模索したのだ」という。しかし、「その現実性はゼロでした」。

スタジアムの収益悪化を食い止めるために取った経営戦略は、参加体験型のイベントを数多く開催すること。五輪スタジアムがゴール地点となる国際マラソン大会「ミュンヘン・マラソン」を充実させて、ハーフマラソンや一〇キロマラソンを同時開催したり、毎年三万人の参加者を集める企業主体のランニングイベント「Ｂ２Ｒｕｎ」や七人制ラグビーの国際試合を誘致したりした。「ただ、スポーツイベントは収益性が低いので、有名アーティストの野外コンサートを年四回程度は開催している」と言う。そのほか、五輪スタジアム内のＶＩＰルームなどを記者会見場や会議室として貸し出したり、観光客向けのガイド付きツアーを充実させたりした。

広報担当のコーラーによると、当初、ガイド付きツアーは建築家や建築マニア向けの見学ツアーが一種類あるだけだった。その後、最上部の高さが一二〇メートルに達する五輪スタジアムの屋根の上を歩いてスリルを味わうルーフクライム・ツアーを二〇〇三年に開発。さらに、ワイヤーロープと滑車を伝ってスタジアムの屋根から滑り降り、空中散歩を楽しむフライングフォックス・ツアーなどを次々につくり出した。二〇一九年時点でこれらガイド付きツアーは九種類に増え、参加料金は最も高いもので大人七八ユーロ（九三六〇円）する。

一方でショーン社長は、運営費を稼ぎ出すためのスタジアムの命名権売却は「まったく考えていない」と言い切った。「『五輪スタジアム』よりも良い名前は存在しない。誰もが無料で入場できるオリンピック公園内の施設に、ＢＭＷとかの企業名はなじまないでしょう」

さまざまなイベントやツアーに参加するなどした五輪スタジアムの有料入場者数は二〇一六年だけで六二万五〇〇〇人にのぼる。スポーツ観戦やコンサートなどのイベント参加者は五一万人強。見学ツアーの参加者は一〇万人を超え、ほかにスタジアム内の会議室やVIPルームの使用者も多くいた。

ショーン社長によると、「FCバイエルンという有力な核テナントを失って収入が大きく減少したのは確かだが、実は収支はほとんど悪化していない」と言う。それは経営努力だけが理由ではない。「五輪スタジアムの経営を守るために、『ある特別な契約』をアリアンツ・アレーナと結んでいるからだ」とカラクリを明かしてくれた。

それは、サッカー専用競技場であるアリアンツ・アレーナではサッカーの試合以外を行わないという約束である。一方、五輪スタジアムはサッカーの試合以外ならどんなイベントでも開催できる。ミュンヘン近郊にはほかに六万〜七万人規模のスタジアムは存在しない。だから五輪スタジアムは、サッカー以外のマラソンやラグビーなどのスポーツイベントをよそに奪われる心配はないし、収益性の高い大規模な野外コンサートも確実に開催できる。「この契約のおかげで現在でも、年四回程度のコンサートを含めて大小一〇〇にのぼるイベントを開催できている。周囲二〇〇キロ圏内に（事実上の）競争相手のスタジアムが存在しない影響は限りなく大きい」

ミュンヘン市が主導権を発揮し、大型スタジアム同士でうまくイベントのすみ分けを図っているのだ。

頭の痛い改修費用

ミュンヘンのオリンピック公園を訪れた二〇一七年七月、五輪スタジアム近くのオリンピック・ホールでは二〇一九年までの計画で改修工事が進んでいた。老朽化した五輪スタジアムもまた、改修工事の必要に迫られている。

しかし前述したように、建物のデザインに手を加えたり、近代的なスタジアムに建て替えたりすることは許されない。テレビ中継室を備えたプレスボックス（記者席）を設けることもできないと聞いた。唯一可能なのは消防設備やエアコン、電気系統の補修工事だけ。ショーン社長は「それでさえ八〇〇〇万ユーロ（九六億円）は必要。（スタジアム開場五〇周年を前にした）二〇二一年を目標に改修工事を実施したい」と語ったが、「実現できるかどうかは市議会の議論次第」とか。さらに二〇三〇年までに、五億ユーロ（六〇〇億円）をかけて公園内の全施設を順次更新していく計画も立てているという。

その先のターゲットに位置づけているのが、五輪スタジアムの顔ともいえる蜘蛛の巣状の吊り屋根の更新。一九九〇年代に一度、屋根の補修工事を行ったが、次回はより大規模なものになりそうだ。現在の吊り屋根の素材はややグレーがかった半透明のプラスチック。これをより強靭《きょうじん》で、より透明な素材に変えたいという。

コーラーが真顔で尋ねてきた。

「日本は技術先進国。そのような新素材を知りませんか？」

註
＊1：客席数は五万七四五〇席。五輪開催時の収容人数は八万三〇〇〇人だったが、安全面から立ち見席の数を大幅に減らし、現在の数字になった。改修工事は行われていない。

＊2：二〇一九年現在でも、ミュンヘン五輪スタジアムは陸上トラックが残されている。
＊3：FCバイエルンは二〇〇六年四月、TSV1860が保有していたアレーナの所有・運営会社の全株式（五〇％相当分）を買い取り、単独株主となった。
＊4：TSV1860ミュンヘンは二〇一六～二〇一七年シーズン後、成績不振と金銭トラブルなどでアマチュアチームが混じる四部リーグへと降格され、それをきっかけに二〇一七年七月にアリアンツ・アレーナのリース契約を一方的に解除された。

(二) 三〇年間の「空き家」が企業オフィスに変貌
——オリンピック・スタジアム(一九七六年モントリオール)

借金まみれの五輪開催

一九七六年モントリオール夏季五輪大会が残したものは、九億九〇〇〇万ドル(一〇六九億円)にのぼる借金の山だった。現在の貨幣価値に直すと赤字額は一兆円を超すといわれる。モントリオール大会の運営を反面教師にして、その後のオリンピックが商業主義へと傾いていくきっかけにもなった。

赤字額と肩を並べる七億九五〇〇万ドル(八五九億円)を費やして建設されたのが、開閉会式と陸上種目が行われた五輪スタジアムである。モントリオール市北部に建設されたオリンピック公園の中心施設として建設され、同じ公園内には水泳会場となったオリンピック・プール、オリンピック自転車競技場、[*5]二つの屋内競技場なども建てられた。

五輪関連施設すべての建設・改修費が一一億八〇〇〇万ドル（一二七四億円）だから、実にそのうちの六〇％以上の資金が五輪スタジアムだけにつぎ込まれた計算になる。また、オリンピック公園の隣接地には、選手村として利用されたピラミッド型の高層マンションが幾棟も建てられ、大会後に民間住宅に転用された。

巨額の借金返済のために、モントリオール市は不動産税を増税し、ケベック州はたばこ税を引き上げた。市税、州税を投入し続け、ようやく全額を完済できたのは、五輪閉幕から三〇年も経った二〇〇六年のことだった。

石油ショックが直撃

ある意味、不幸が重なった末の巨額赤字だったと言えなくもない。赤字額が膨らんだ理由は五つある。

第一に、一九七三年に始まった第一次石油ショックが五輪施設の建設時期と重なったこと。五輪スタジアムをはじめとする競技施設も選手村も、つまるところは鉄骨とコンクリートの塊である。石油価格の高騰に伴って鉄骨などの資材価格が一気に値上がり、建設費がみるみる膨らんだ。州政府が一〇〇％出資する運営会社「モントリオール五輪公園」によると、当初は一トンあたり二〇〇ドル（二万一六〇〇円）だった鋼材価格が最終的には六倍の一二〇〇ドル（一二万九六〇〇円）に跳ね上がった。

第二に、たび重なる労働争議と汚職事件、そしてストライキで人件費が高騰し、工事自体も遅れに遅れたこと。当時のモントリオール市長は右往左往するだけで問題を解決できず、ついには五輪開催前年の一九七五年五月、建設労働者は長期間の職場放棄をするに至った。約五カ月間、工事は完全にストップ。五輪開催そのものさえ危うくなり、同年一一月にケベック州政府が乗り出して、それまでモントリオール市が主導していたオリンピック公園の建設を引き継いだ。当初計画された五輪スタジアムの開閉式屋根の設置も工期が間に合わないという理由で見送られた。

第三に、大会組織委員会の収入手段が限られていたこと。一九七六年モントリオール大会までは、政府や自治体からの寄付金と、記念コインや切手、宝くじの発行が主な収入源だった。スポンサー収入もテレビの放映権料もまだまだ大きな額にならなかった時代である。そのため五輪施設の建設費の上昇という急激な支出増加に対応するすべはなかった。

第四に、テロ事件が起きた一九七二年ミュンヘン夏季五輪大会を受けて、警備を厳重にしなければならなかったこと。過去の大会とは比べ物にならない額の警備費用がずしりとのしかかった。

第五に、各国際競技連盟からの過大な要求。競技連盟役員の宿泊施設などの待遇や、競技会場の諸設備は前回大会より劣ることがないように、と強烈にねじ込まれた。要求は競技会場の詳細に及び、例えばアーチェリー会場の場合、既存施設を利用する予定で会場整備予算を一ドルもつけていなかったが、最終的に二〇〇万ドル（二億一六〇〇万円）の改修費が必要になった。また、国際乗馬連盟の会長だった英国のフィリップ殿下（エディンバラ公）が、当初予定した会場を気に入らないという理由で会場変更を余儀なくされ、二六〇〇万ドル（二八億円）の予定外の出費が必要になった――などなど。その内幕をモントリオール市議会議員が五輪の翌年、米ロサンゼルス市議会の公聴会で証言している。彼は「IOCと国際競技連盟のメンバーは、人類とは別の種族だ」とこっぴどく非難した。私自身がインタビューをした他国の複数の大会組織委員会関係者も同じような不平不満を並べていた。
結果、九億九〇〇〇万ドルという借金の山が築かれたのだ。

愛称は〝莫大な借金〟

モントリオールの五輪スタジアムは、斜め四五度に突き出た高さ一六五メートルの巨大な展望塔「モントリオール・タワー」を従えたドーム型競技場である。スタジアムの周囲には剃刀《かみそり》の刃のような形をした構造物が取り巻くデザインが施されている。カーリングで使用するストーンの周囲にトゲトゲが付いている姿を想像してほしい。

愛称は「Big O（ビッグ・オー）」。しかし、市民は巨額赤字の〝戦犯〟に対して皮肉を込めて、同じ発音の「Big Owe（莫大な借金）」と揶揄《やゆ》した。ビッグ・オーはフランスの建築家ロジャー・ティリベルトの設計で、客席数は五万六〇四〇席。スタジアム内には柱が一つもなく、客席の視界がさえぎられないのが特徴だ。付設された展望塔からは四〇本以上の鋼鉄製ケーブルが伸び、防弾チョッキに使われるケブラー繊維製の屋根を吊り上げている。展望塔も吊り屋根も五輪開催時には間に合わず、一億一七七〇万ドル（一二七億円）

高さ165メートルの展望塔を従えるモントリオール五輪スタジアム。展望塔の中間では金融機関オフィスの建設工事が行われていた＝2016年11月撮影

を追加投資して、一一年後の一九八七年に完成した。

オリンピック公園にはピー・ヌフとヴィオーの二つの地下鉄駅が直結し、市中心部から一五分でアクセスが可能。西隣には七五ヘクタールの広大な面積を持つ世界最大級のモントリオール植物園が位置する。

世界で最も高い斜塔としてギネスブックにも載る展望塔に登ってみた。チケット料金は二〇一九年一〇月末現在で二三・七五カナダドル（一九四八円）。五〇人定員のガラス張りの大型エレベーターが高速で斜めにせり上がり、最上階までわずか二分で着く。頂上の展望台からは三六〇度のパノラマが広がる。眼下には緑あふれるオリンピック公園と植物園が、彼方《かなた》にはモントリオール港にタンカー数隻が浮かんでいるのが見えた。天気が良ければ八〇キロ四方の壮大な景色が楽しめるという。

観客数二〇〇万人からの転落

開業から最初の二〇年間に限れば、モントリオールの五輪スタジアムはほぼ毎年二〇〇万人を超す観客を集め、集客は好調だった。それは、メジャーリーグ（ＭＬＢ）のモントリオール・エクスポズの本拠地となり、年間八一試合の主催試合が行われていたからである。

また、州内には三万人以上を集客できる大型スタジアムがほかに存在しない。だから、ローリングストーンズ、マイケル・ジャクソン、マドンナらの超大物アーティストがコンサートを開こうとすれば、五輪スタジアム以外に選択肢はなかった。

しかしこの間、五輪スタジアムが何度となく苦難と悲劇に遭遇したのも事実である。展望塔の建設と吊り屋根設置工事さなかの一九八六年八月、建設中の展望塔上部でアセチレンガスの爆発事故が起きた。けが人はいなかったが、その日のMLBエクスポズの試合は中止・延期に。

一九八七年に完成した開閉式のケブラー繊維製吊り屋根も嵐などでたびたび裂けてぽっかりと穴があき、そのたびごとに修繕が繰り返された。

一九九一年九月には、五五トンもあるスタジアム外周のコンクリート製の梁《はり》が幅三〇メートルにわたって突如、崩れ落ちた。けが人はいなかったが、すべての梁を補強する工事が必要になり、エクスポズは残る全二六試合をビジターゲームとして相手側の本拠地で消化しなければならなかった。この補強工事期間中に陸上トラックを取り払い、フィールド近くで観戦できるように可動式の座席を新設するなど、野球場としての魅力を高める追加投資も行われた。エクスポズに対する補償の意味合いもあったのだろう。

しかしながら、商圏の小さなモントリオールに本拠地を構えるエクスポズは経営が苦しく、長年、成績も振るわなかった。さらに、五輪スタジアムのたび重なる不具合、老朽化に加え、税金を投入して五輪時の借金返済が続くという悪いイメージも重なって、二一世紀に入ると急速にファン離れが進んだ。ついにエクスポズのオーナーは経営を放り出し、

ＭＬＢ機構による球団救済を経て二〇〇五年、本拠地をワシントンＤＣへ移転してしまった。

五輪スタジアムを案内してくれた運営会社広報担当のセドリック・エシミニーによると、エクスポズが去った五輪スタジアムは「そこら中がごみの山。ロッカールームには選手のサイン入りバットやグラブなども散乱していた」と言う。

エクスポズに代わるテナントは現れなかった。エシミニーは、「モントリオールで人気のあるスポーツといえばアイスホッケー。しかし、すでに二万二〇〇〇人収容の立派なアリーナが市の中心部にある。ＮＦＬ（アメリカンフットボール）のクラブを誘致できるほどの市場規模はない。プロサッカークラブ〈メジャーリーグサッカー〈ＭＬＳ〉のモントリオール・インパクト〉の本拠地には五輪スタジアムの五万六〇〇〇の客席数は多過ぎる」と話した。

核テナントを失ったことで、五輪スタジアムだけでなくオリンピック公園全体が輝きを失った。利用者数は低迷し、資金不足を理由に公園内の施設のメンテナンスはほとんど行われなくなった。五輪で抱えた巨額の借金返済は二〇〇六年に終わったが、古ぼけた施設に関心を示す市民は少なかった。維持費ばかりがかさむホワイト・エレファントになってしまったのである。

五輪スタジアムを解体した場合の試算も実際に行われたという。しかし、取り壊しには数年間の時間と七億カナダドル（五七四億円）の費用がかかるうえ、さらに解体に伴い何万トンもの使用済みコンクリートの処分費用が別途必要になる。

二〇〇九年に実施された州民の意識調査では、九三％の人が「もっと五輪スタジアムを有効利用すべきだ」と答え、九五％の人が取り壊しに反対意見を持っていた。

にぎわいを取り戻せ

一度はにぎわいを失ったオリンピック公園だが、二〇一二年以降、息を吹き返しつつある。市民に愛される公園を目指して、ケベック州政府が積極的で戦略的な投資を行う方針に大きく舵《かじ》を切ったからである。オリンピック公園を魅力的な施設に変えるための投資は、年平均二〇〇〇万カナダドル（一六億四〇〇〇万円）にのぼる。

きっかけは二〇一一年に運営会社の最高経営責任者（ＣＥＯ）にデビッド・ハートウェ

ル（後に、政治家に転身し移民相を務めた）が就任したことだった。「どうすれば市民の足が再びオリンピック公園に向くだろうか」。徹底的なマーケティング調査を通して、市民の潜在的な需要をつかむように指示が出た。

最初に目を付けたのが、五輪スタジアム手前の広場「エスプラネード」[*6]。市民が気軽に楽しめるような無料のイベントを開催する方針が決まり、次々に企画が生み出された。移動販売車によるB級グルメの祭典「フードトラック・ラリー」、市民コンサート、野外の映画鑑賞会……。コンクリートの打ちっ放しで殺風景だった広場が、週末ともなれば一万人以上の人でにぎわう広場へと劇的に生まれ変わった。

次に手を付けたのは、五輪スタジアムに隣接する老朽化したオリンピック・プール。改修のために施設を二〇一四年から一年半閉鎖。三〇〇〇万カナダドル（二四億六〇〇〇万円）を投じて、各種プールのほかに柔道場、フィットネスジムなどを備えた複合スポーツ施設「スポーツセンター」として再オープンした。この施設はオリンピック候補選手が練習を積むための最新鋭の設備を有する一方で、料金さえ支払えば一般の人も利用できる。

五輪スタジアムも経営改善に努めた。スタジアム内のスイートルームや倉庫など区画の一つ一つを会議室やイベントスペースとして積極的に貸し出し、二〇一六年は年間一五〇日間の利用があった。五輪スタジアム内を見学するガイド付きツアーも充実。[*7] 二〇一六年は約一万八〇〇〇人がツアーに参加している。

金融機関オフィスが核テナントに

私がモントリオールを訪れたのは二〇一六年一一月初め。紅葉の美しい季節だった。赤や黄色の落ち葉の絨毯を踏みしめながらオリンピック公園を散策していると、ある光景が目を引いた。五輪スタジアムの吊り屋根を支える展望塔の中間あたりに足場とクレーンが設置され、大規模な工事が行われていたのだ。エシミニーに尋ねると、二〇一七年中の工事完了を目指して、地元の大手金融機関デジャルダン・グループのオフィスを展望塔内部に建設しているのだという。

「それまでは文字通り空っぽ。三〇年間まったく利用されることのなかった展望塔の内部に、一〇〇〇人のホワイトカラーが働くオフィスが出現する」と、エシミニーは興奮気味に教えてくれた。そもそも最初の計画では、展望塔の内部にはアスリート向けのトレーニング施設を造る予定だった。しかし、建設資金が調達できず、その後も五輪開催に伴う巨額赤字で財政的に計画を進められる状況になかったため、計画は立ち消えになっていた。

オフィススペースへの改修工事費用は一五〇〇万カナダドル（一二億三〇〇〇万円）。「電気、防火、配管、空調、ＩＴ設備などすべて一から設置する必要がある。カフェテリアも設けます」とエシミニー。リース契約は一五年間だが、さらに一五年間の契約更新条項も付く。このプロジェクトはハートウェル元ＣＥＯの肝いりだという。

スタジアムのテナントといえば、プロスポーツクラブやスポーツ競技連盟か、またはショッピングモールやフィットネスジムなどと相場が決まっている。しかし、一般企業の本社・本部を誘致してしまおうというモントリオールの挑戦は、その〝常識〟を打ち破る発想だ。

一方、展望塔の改修工事と並行して五輪スタジアムの外側で行われていたのが、翌夏のオープンを目指すローラースケート場の建設工事。若者たちが無料で利用できるスペースになるそうで、ローラースケートの国際大会も誘致する予定だという。さらに、五輪スタジアム手前のエスプラネードでは植樹も行われていた。コンクリートジャングルを緑いっぱいのオアシスに変えるプロジェクトだという。

オリンピック公園はそれまで、運営費の約半分にあたる一七〇〇万カナダドル（一四億円）程度を毎年、州政府の補助金に頼ってきた。しかし、二〇一二年以降は独自の事業収入が着実に増えてきている。地元カナダの公共放送局の報道によると、展望塔内のオフィスビルとして大手金融機関に貸し出す際のリース料は一五年総額三七〇〇万カナダドル（三〇億三四〇〇万円）にのぼる。[*8] つまり二〇一八年以降、年二五〇万カナダドル（二億円）の収入がオリンピック公園に上乗せされる見通しで、経営が大きく改善することは間違いない。

「オリンピック公園のDNAはスポーツであり、公共施設としての使命。私たち（運営会社）のゴールは、若い将来のスター選手たちがハイクオリティの設備を自由に利用できる場所を提供することだ」と、地元紙からオリンピック公園に転職したというエシミニーは胸を張った。

モントリオールの新たな挑戦を見る限り、五輪スタジアムが負の遺産に陥ることを防ぐアイデアに限りはないし、またその努力にも「手遅れ」という言葉はなさそうだ。

註

＊5：オリンピック自転車競技場は一九八九年に閉鎖され、一九九二年に植物園、水族館、動物園を一体にした気候体験型ミュージアム「バイオドーム」に生まれ変わった。

＊6：エスプラネードは一九七六年モントリオール五輪開催当時、大量の選手・観客の入退場をさばく遊歩道として利用された。

＊7：月曜を除く毎日催行で、料金は二〇一九年現在で大人一四・七五カナダドル（一二一〇円）。

＊8：二〇一九年一一月末現在で展望塔内の賃貸用オフィススペースとして、さらに五フロア（延べ二一三九平方メートル）のテナントをホームページ上で募集していた。

（三）固く門が閉ざされた巨大スタジアム
――ルジニキ・スタジアム（一九八〇年モスクワ）

モスクワ川のほとりに

旧称セントラル・レーニン・スタジアム（現ルジニキ・スタジアム）。旧ソビエト連邦の初代指導者レーニンの名前を冠したこのスタジアムこそ、一九八〇年モスクワ夏季五輪大会の開閉会式と陸上・サッカー両種目が行われた五輪スタジアムである。観客席は一〇万三〇〇〇席。二〇一八年FIFAワールドカップ・ロシア大会を前に改築され客席数八万一〇〇〇席に削減されるまでは、世界最大級のスタジアムの一つだった。

その名の通り、スタジアム正面には現在もレーニンの銅像が立つ。手前にはオオカミをモチーフにしたW杯のマスコット「ザビワカ」がサッカーボールをける像が立っていた。

　私がモスクワを訪れたのは二〇一八年夏。まだW杯の余韻が残る心地よい季節だった。五輪スタジアムはモスクワ中心部からほど近い、蛇行するモスクワ川ほとりの運動公園「ルジニキ・オリンピック・コンプレックス」の中に建っていた。地下鉄一号線のヴォロビヨーヴィ・ゴーリ駅から徒歩で向かう。一五〇ヘクタールの広大な運動公園の敷地には、ルジニキ・スタジアムのほか、オリンピック・プールや多目的アリーナをはじめ大小八〇のスポーツ施設が点在する。

　五輪スタジアムは一九五六年の開業。過去にサッカーのロシア・プレミアリーグのスパルタク・モスクワやCSKAモスクワがプレーしていた時期もあるが、現在は核テナントを持たない。UEFA（欧州サッカー連盟）チャンピオンズリーグの決勝戦や二〇一三年の世界陸上競技選手権大会が開催されたほか、ローリングストーンズやマイケル・ジャクソンらビッグスターも数多くコンサートを行っている。

　このスタジアムは「ルジニキの惨事」と呼ばれる悲劇の歴史も併せ持つ。モスクワ五輪後の一九八二年一〇月、UEFAカップの試合で地元スパルタクとハールレム（オランダ）

2018年ＦＩＦＡワールドカップ・ロシア大会のために改築されたルジニキ・スタジアム（五輪スタジアム）＝2018年８月撮影

が激突。一点をリードしていたスパルタクが終了直前、追加点を決めた。勝ったと確信し帰途につく観客と、スタンドに戻って追加点を喜ぼうとした観客とが交錯。凍結した階段に足を滑らせるなどして次々に将棋倒しになり、多数が死亡した。当時のソ連政府はイメージの悪化を恐れてこの大事故を隠そうとし、死亡者の数を六六人と少なく見積もって発表したが、実際の犠牲者は三〇〇人をくだらないといわれる。今もって正確な数は分からない。

ホワイト・エレファント誕生

二〇一八年W杯の開催を機に、五輪スタジアムは陸上トラックが取り除かれ、サッカー専用競技場にリニューアルされた。改築費用は二四〇億ルーブル（四〇八億円）。ただファサードや屋根は昔のまま残され、創建時の様子をしのばせる。

ルジニキ・スタジアムを擁するオリンピック・コンプレックスに何度か足を運んでみた。いつも人影はまばらで、コンプレックスの入場ゲートは閉まっていた。ただし一部に通り抜けられる箇所があり、そこから地元の人が出入りし、公園の中でジョギングを楽しんだりしていた。

しかし、ルジニキ・スタジアムはいつも固く門が閉ざされていた。訪れたロシア人観光客の後ろに付いていき、警備員に「中を見学させてほしい」と一緒に頼んだが、厳しい顔つきから発せられた言葉はひと言、「ニェット（ノー）」。仕方なく退散せざるを得なかった。

改築後、ルジニキ・スタジアムで開催されたイベントは数えるほどしかない。帰国後に、数日間限定でスタジアムの無料見学会が開かれる、との告知をホームページで見つけた。しかし裏返していえば、その機会を逃すとモスクワ市民でさえスタジアムに足を踏み入れる機会がないということだ。これではいったい誰のためのスタジアムで、何のための改築だったのか分からない。

モスクワにはロシア・プレミアリーグに所属する四クラブが本拠地を構えるが、それぞれが近年建てられた立派なサッカー専用競技場でプレーしており、クラブ名を冠した地下鉄の最寄り駅さえある。[*9] だから近い将来、各クラブが現在の本拠地を捨ててルジニキ・スタジアムの核テナントになる可能性はまずない。

維持費ばかりを食いつぶす新たなホワイト・エレファントがまた誕生した。

註

＊9：ロシア・プレミアリーグに所属するCSKAモスクワの本拠地は二〇一六年開業のVEBアレーナ（三万人収容）、スパルタク・モスクワの本拠地は二〇一四年開業のオトクリティ・アリーナ

ジアム（二万八八〇〇人収容）、ディナモ・モスクワの本拠地は二〇〇八年開業のアリーナ・ヒムキ（一万八〇〇〇人収容）である。

（四万五三六〇人収容）、ロコモティフ・モスクワの本拠地は二〇〇二年開業のロコモティフ・スタ

(四) 築九〇年の「遺産」運営を大学が引き受けた
――ロサンゼルス・メモリアル・コロシアム(一九八四年ロサンゼルス)

三度目の五輪開催へ

温かなクリーム色の外壁、列柱が立ち並び古代コロシアムを思わせる外観、中央でひときわ大きく目立つ入場ゲート、その前面に掲げられた五輪マーク、入場ゲートの頂には煙突に似た聖火台がそびえ立つ――。

一見しただけで、多くの人がロサンゼルス・メモリアル・コロシアムと分かる威容だ。このメモリアル・コロシアムで一九三二年と一九八四年の二度、夏季五輪大会の開閉会式と陸上種目が行われた。また、二〇二八年に予定される三回目のロサンゼルス五輪でもみたび主会場として利用されることが決まっている。客席数は改修のたびに増減したが、二〇一九年夏までは九万三六〇〇席あまり（現在は七万七五〇〇席）で、世界で最も収容人数の多い五輪スタジアムの一つだった。

一九二三年開場のこのスタジアムは、そもそも陸上競技場でもなければ、五輪開催のために造られたものでもない。周辺地域の浄化と治安向上を願った二人の人物――地域の有力者だったボーエン判事と南カリフォルニア大学（USC）のボバード理事長――の尽力で建てられたアメリカンフットボール（アメフット）の競技場である。

ロサンゼルス市の南端に位置するエクスポジション公園（当時は農業公園）内に建てられており、公園の北側にはUSCのキャンパスが広がる。一九〇〇年代初頭、周辺は人々が闘鶏を見ながらギャンブルをし、酒を飲む場所で、ドッグレース場もあった。二人は約束を交わす。「もしここにスタジアムを建設してくれたなら、大学のフットボール部の試合をさせよう」

公園内にすでに建っていた美術博物館（ロサンゼルス自然史博物館へと後に改修）に加え、美しいバラ園、カリフォルニア・サイエンスセンター、カリフォルニア・アフリカンアメリカン美術館などの施設が次々に整備された。

これまで二度のオリンピック主会場になったロサンゼルス・メモリアル・コロシアム。入場ゲートの上にはトレードマークの聖火台がそびえ立つ＝2016年11月撮影

メモリアル・コロシアムは開場以来長らく、USCのアメフットチーム「トロージャンズ」とカリフォルニア州立大学ロサンゼルス校（UCLA）のアメフットチーム「ブルーインズ」が本拠地としてきた。[*10] また、MLBロサンゼルス・ドジャース、NFLロサンゼルス・ラムズとロサンゼルス・レイダースなども一時本拠地を置いた。MLBワールドシリーズや全米最大のスポーツイベントであるスーパーボウルなどの熱戦の舞台にもなった。

メモリアル・コロシアムはスポーツイベントにとどまらず、幾度となく歴史の証人にもなってきた。ジョン・F・ケネディが大統領候補に指名された民主党大会（一九六〇年）、ローマ教皇ヨハネ・パウロ二世による野外ミサ（一九八七年）、出獄して間もないネルソン・マンデラが反アパルトヘイト（人種隔離政策）への支持を呼び掛けた演説会（一九九〇年）などが開かれたのも、このスタジアムだ。シンボルの聖火台は今も現役で、USCトロージャンズのホームゲームのほかに特別な事件があったときに点火される。二〇〇一年九月一一日の米国同時多発テロ事件でも鎮魂の火が灯《とも》された。スタジアムは一九八四年に国の歴史的建造物に指定されている。

だからメモリアル・コロシアムにとっては、オリンピックという国際的な一大イベントでも、基本的にほかのイベントと扱いは違わない。対価を得て、大会組織委員会に数カ月間、会場を貸し出すだけだ。また、メモリアル・コロシアムはもともとアメフット競技場のため、オリンピックで陸上競技を開催するためにわざわざ陸上トラックが敷設された。もちろんその費用には大会組織委員会の資金が充てられた。オリンピックが終われば、まるで何事もなかったかのようにUSCトロージャンズなど元のテナントが戻って来る。ただ、最終的に陸上トラックが取り除かれたのは一九九三年になってからだった。

商業オリンピックの幕開け

近年、米国で開催されるオリンピックは、それ以外の国で開催される大会とは決定的な違いがある。

米国以外の国では開催都市が、時には国が、前面に立って開催計画を練り、招致活動を行うのが常だ。ＩＯＣ総会を経てオリンピック開催が決まると、各競技施設の建設・改修をはじめオリンピックの準備・運営を監督する大会組織委員会が設立されるが、やはり主導するのは自治体や国。関連するインフラ整備も含めて巨額の資金も拠出する。しかし米国では、自治体は開催計画の立案や施設建設、大会運営には一切タッチせず、公的資金も使われない。民間がすべてを担う「完全民営化のオリンピック」なのである。例外として、テロ対策の警備費用だけは行政が負担する仕組みになっている。だから他国のように、オリンピックと絡めた都市計画や街づくりとは無縁で、数あるイベントの一つを開催するに過ぎない。

「米国型オリンピック・モデル」ともいうべきこのシステムが確立したのが一九八四年ロ

サンゼルス夏季大会だった。立役者は大会組織委員長を務めた実業家のピーター・ユベロス。オリンピックの商業化に道を開くことで、それまで赤字続きだったオリンピックを黒字に転換し、完全民営化のオリンピックを成功に導いた人物である。

大会組織委員会は最初から、ロサンゼルス市とカリフォルニア州から、「公的資金は（オリンピック開催のために）一ドルたりとも使用しない」と約束させられていた。さらに念を押すように、五輪開催が決まった直後、ロサンゼルス市では住民投票が行われ、大会の運営資金に市税の投入を禁じる市憲章の修正条項が可決された。

自治体による財政援助の道を断たれていたユベロスは、過去の失敗を分析することで難題に活路を見出《みいだ》そうとした。巨額損失を招いた一九七六年モントリオール夏季大会を反面教師にして改革に乗り出したのである。

ユベロスの改革には二つのベクトルがある。一つは収入の増大であり、もう一つは徹底した支出の削減である。

収入を増やすために、彼は民間から資金を最大限に引き出した。ロサンゼルス大会の公式報告書では次のように述べている。「過去のオリンピック（一九七二年ミュンヘン大会、一九七六年モントリオール大会、一九八〇年モスクワ大会）では、大会組織委員会の収入の九〇％は公的機関からもたらされ、民間資金の利用が最小限にとどまっていた」。そこで、国内のテレビ放映権料を決める際に競争入札を導入しただけでなく、最低落札価格を設定し、その額は従来の感覚では破格ともいえる二億ドル（二一六億円）と決めた。また、スポンサー企業との契約も一業種一社に絞ることで、契約料を吊り上げた。一九八〇年レークプラシッド（米国）冬季大会では三〇〇社以上のスポンサー企業が参加しても一〇〇〇万ドル（一〇億八〇〇〇万円）に届かなかったのに対し、一九八四年ロサンゼルス夏季大会では三四社だけで計一億二三〇〇万ドル（一三三億円）を集めた。結果、ユベロスは公的資金の支援がないハンディを克服してなおあまりある額の収入を生み出したのである。

一方、コストを削減するため、競技会場には大学や民間が所有・運営する既存施設を徹底的に利用した。二九の競技施設のうち既存施設は二三カ所にのぼっている。主会場のメモリアル・コロシアムは二〇〇〇万ドル程度（二一億六〇〇〇万円）の改修費を費やしただけに過ぎない。

また、選手村もＵＣＬＡ、ＵＳＣなどの学生寮を借用。ボランティアも積極的に活用した。米国らしい合理主義から生まれたアイデアだといえよう。また、一九八四年夏季五輪の招致ではロサンゼルス以外に立候補都市はなく、〝質素な五輪〟を打ち出しても招致レースで負ける心配がなかったことや、ロサンゼルスにはすでに十分なスポーツインフラが整っていたことも有利に働いた。旧ソ連など東側諸国がこぞってボイコットをする逆風に見舞われたにもかかわらず、一九八四年ロサンゼルス大会は二億一五〇〇万ドル（二三二億二〇〇〇万円）という空前の黒字を計上した。

現れた救世主

輝かしい歴史を誇るメモリアル・コロシアムだが、一九九〇年代半ばに入ると、その輝きは徐々に色あせてきた。本拠地を置いていたNFLレイダースが去り、開催されるイベントの数も観客動員数も減少。そこに追い打ちをかけたのが一九九四年のノースリッジ地震だった。ロサンゼルスを直撃したこの地震で、スタジアムは大きな損害を被る。メモリアル・コロシアムを長年、所有・運営してきたロサンゼルス市、カリフォルニア州、ロサンゼルス郡の三者でつくる共同事業体はなんとか修復の資金は捻出したものの、その後は、苦しい財政事情もあって老朽化したスタジアムの補修を満足に行えない状態だった。はげ落ちたペンキ、亀裂の入った列柱、ぼこぼこになった階段や通路、錆《さび》ですっかり変色した座席、至るところではがれた座席の根元のコンクリート……。スタジアムはあちこちで傷みが目立ち、コンディションは悪化の一途をたどった。

二〇一三年、そんなメモリアル・コロシアムに突然、救世主が現れた。北隣にキャンパスが広がるUSCが、見るに見かねてスタジアムの運営権を譲り受けたのだ。同時に、二〇二〇年を期限に二億七〇〇〇万ドル（二九一億六〇〇〇万円）を投じて大規模な改修工事を行う方針も打ち出した。

運営権を譲り受けたUSCの狙いは何か？　巨額投資の元は取れるのだろうか？　メモリアル・コロシアムを再び活気あるスタジアムに再生する道筋をどのように描いているのか？

これらの疑問をぶつけるために、私は二〇一六年一一月、メモリアル・コロシアムのゼネラルマネジャー（GM）であるジョー・フリンを訪ねた。当時、ロサンゼルスは二〇二四年夏季五輪招致に立候補しているさなかで、メモリアル・コロシアムに再び脚光が当たる可能性が高まっていた。また、ちょうど二〇一六年から三年間の予定でNFLラムズが本拠地を置くなど、新しい動きも出ていた。運営主体が官から民へと変わることで、メモリアル・コロシアムの経営にどのような変化が現れたのかも、この目で確かめたかった。

フリンGMは満面の笑みをたたえながら、私をスタジアム内へ招き入れてくれた。足を踏み入れてまず気付いたことは、緩やかな観客席の傾斜。赤と白に塗り分けられた観客席の二色のカラーは印象的だったが、フィールドと観客席の間にはかなりの距離があって、観客席の最上部に座るとプレーする選手が豆粒にしか見えないであろうことが容易に想像できた。観戦時の臨場感に欠ける古いタイプのスタジアムであることは否めなかった。

さらに、食べ物や飲み物を売る売店がどこにもない。聞けば、火を使って調理できる設備が場内にないため、売店はすべてスタジアムの外側に設置されているという。

聖火台がそびえる入場ゲート近くに「スイート」と表示された仮設テントを見つけた。中には事務用の長机と木製の簡素ないすが並んでいる。メジャーリーグの球場などと比べると、あまりにも質素な〝スイートルーム〟である。

フリンGMは、USCがスタジアムを所有する行政組織と交わしたリース契約の中身について言及した。契約によると、大学側は無償でスタジアムの独占使用権を得る一方で、しばらく前に設置されたビデオボードの残金支払いや過去の職員の退職後医療保険料などを含む二〇〇万ドル（二億一六〇〇万円）超の債務全額を肩代わりする。また、二億七〇〇〇万ドルを費やす改修工事以外にも、二〇五四年までに年平均一〇〇万ドル（一億八〇〇万円）強を投資して座席や照明などの設備更新を順次進めることや、二〇二一年からスタジアム竣工一〇〇周年を迎える二〇二三年までの三年間は七〇〇〇万ドル（七五億六〇〇〇万円）を集中的に投じることも約束していた。また、USCトロージャンズなど大学のスポーツチームは末長くメモリアル・コロシアムでプレーすることも合意内容に記された。

一方、USCにはリース料の負担はないが、仮に運営で利益が出た場合はその全額をスタジアムへの再投資に回すことを約束しているという。契約期間はオプション権を最大に行使した場合で最長九八年間になる。

フリンGMは、「メモリアル・コロシアムは築九〇年を超す古い建築物であり、毎年莫大な維持管理・修繕費がかかる」と繰り返し話した。「水道管もパイプも年代物で、六〇年前のもの、七〇年前のもの、八〇年前のもの、九〇年前のものが混在している。国の歴史的建造物指定を受けているため、不用意に壁を取り壊すわけにいかず、すべてガイドラインに沿って設備の交換や補修工事を進める必要がある」。つまり費用だけでなく、手間もかかるというのだ。スタジアムの維持管理費などの額は詳らかにしてくれなかったが、「many millions of dollars per year（年間数億〜数十億円）」だと明かした。

七階建てタワーの建設

当面の最大のプロジェクトともいうべき、二〇二〇年をターゲットにした二億七〇〇〇万ドルの改修工事の時期が迫っていた。計画の最大の目玉は、食事を提供できる豪華なスイートルーム、プレスボックス、売店が並ぶコンコース、プレミアムシート、屋上の展望デッキ、そしてコミュニティイベントなどでも使用できる多目的ラウンジからなる七階建ての巨大な構造物をスタジアム南側に新たに建設すること。フリンGMは単に「プレスボックス」「タワー」などと呼んでいたが、資金を捻出するために近い将来、この七階建てタワー自体の命名権も売却されるのだろう。

さらに計画では、スタジアム内の全座席を取り換えるだけでなく、座席の幅や足元を広げ、通路も増設・拡張する。これに伴って客席数は九万三六〇〇席から七万七五〇〇席に減る。かつてその収容人数の多さがアダになり、NFLのテレビ中継が地元で行われないブラックアウトがたびたび起こっていたことを考えると、適正なサイズになるといってもいい。[*11]

また、Wi-Fiのアップグレード、二つの新しいビデオボードを含むオーディオ・ビジュアル設備の刷新、電気系統や配管などの設備更新も行う。同時に、現在は入場ゲートや正面の列柱にごたごたと取り付けられている巨大な看板広告とビデオスクリーンをすべて取り払い、外観をすっきりとさせ、建設当初のデザインに戻すことも狙いにしている。タワーの建設工事は二〇一八年一月末から二〇一九年八月末までで、その間、イベント開催は制限されるものの、核テナントであるアメフットの試合は続行される。

このプロジェクトでは、三〇%の地元雇用を約束し、三四億ドル(三六七二億円)の経済効果と年三〇〇万ドル(三億二四〇〇万円)の市税の増収効果をうたっていた。資金は寄付金、スポンサーシップ収入、イベント収入、命名権販売で賄う見通しで、税金は一ドルも使われない。その計画通りに、メモリアル・コロシアムは二〇一八年一月、ユナイテッド航空に一六年間総額六九〇〇万ドル（七四億五二〇〇万円）でスタジアム命名権を販売。スタジアム名はユナイテッド・エアラインズ・メモリアル・コロシアムとなったが、二〇一九年八月にさらに「ユナイテッド・エアラインズ・フィールド・アット・ザ・ロサンゼルス・メモリアル・コロシアム」に変わった。

フリンGMは語る。

「メモリアル・コロシアムは長い期間、放置されていたので、本当に多くの修復作業が必要だ。また、歴史的建造物で莫大な維持費もかかるため、費用を捻出するためにはスイートルームやレストランなど収入を生み出す仕掛けが欠かせない。観客もそのような近代的な設備を望んでいる」

「ロサンゼルス近郊にはドジャー・スタジアム、ローズボウル、また同じ州内のサンフランシスコにはリーバイス・スタジアムといった大型スタジアムがいくつもあり、イベント誘致で競争は避けられない」

いかに輝かしい歴史を誇るメモリアル・スタジアムといえども、魅力的な施設であり続け、負の遺産化を避けるためには継続的な設備投資が欠かせないのだ。

決め手は世界的な認知度

USCがメモリアル・スタジアムの運営権を譲り受けてから、それ以前と違う点がいくつかある。

第一に、観客数に大きな変化は見られないものの稼働日数が大幅に増えているのだ。ハリウッド映画などの撮影に貸し出したり、記者会見や個人の誕生日パーティーなど数百人単位のプライベートイベントを多く受け入れたりするケースが目立つ。

第二に、二〇一五年から歴史ツアーと称し、毎週水~日曜に有料で見学ツアーを開始したこと。[*12] フリンGMは「我々のスタジアムはとても繁忙だ。見学ツアーまで含めると年間一八〇日間は観客を迎え入れている」と話した。

また、NFLラムズが二〇一六年シーズンにセントルイスからロサンゼルスに本拠地を移し、新スタジアムが完成するまでの三年間、暫定的にメモリアル・コロシアムに本拠地を置いたが、この間、毎年五〇万人近い観客数のかさ上げが見込まれていた。

ラムズとの契約では、リース料としてチケット収入の数パーセントを得、さらにホームゲーム時の飲食物販売の収入全額もスタジアムに入るという。その額は年二〇〇〇万ドル（二億一六〇〇万円）にのぼる見通しだ。

さて、最初の問いに戻ろう。ＵＳＣはなぜ巨額投資というリスクを冒してまでもメモリアル・コロシアムの運営権を譲り受けたのか。

私の質問に対しフリンＧＭは、スタジアム開設当初から大学アメフットチームのＵＳＣトロージャンズが本拠地を置いてプレーしてきた歴史的なつながりを第一の理由に挙げた。さらに、二度のオリンピックが開かれたスタジアムとして世界的に知名度が高いことと、今も輝きを失わない五輪レガシーをもう一つの理由とした。

現在でもスタジアムの入場ゲートに取り付けられた五輪マークはトレードマークとして残り、聖火台もイベントなどでたびたび使用される。そして何よりも、世界中の人々の記憶に残る稀有《けう》な五輪スタジアムの一つであることは間違いがない。その認知度とレガシーを後世に残す使命感とともに、そこに勝算も見据えているのだ。

ロサンゼルスは当時、二〇二四年夏季五輪招致に立候補していた。フリンＧＭはメモリアル・コロシアムの使用について、すでにロサンゼルス五輪招致委員会「ＬＡ２０２４」

と大筋の基本合意を結んでいると述べた。実際のコスト、つまりメモリアル・コロシアムにとっては得られるリース料のことだが、「具体的な額までは交渉していないが、売店エリアなど何がしかのリニューアルをサポートしてくれるだろう」と期待を寄せた。

LA2024（現在の大会組織委員会「LA2028」）のジョン・ハーパー最高執行責任者（COO）にも話が聞けた。

「ロサンゼルスはオリンピックをDNAに持つ都市で、メモリアル・コロシアムをはじめワールドクラスの既存施設、スポーツインフラが整っている。新しく施設を建設する必要も、大規模改修の必要もない」と、ピーター・ユベロス以来の「完全民営化オリンピック」を貫く姿勢を強調した。

また、ハーパーCOOはメモリアル・コロシアムについて、「陸上競技を開催するために陸上トラックの敷設が必要になるが、一九八四年大会でも同様の実績がある」と語り、USCが進める大規模改修計画については「我々は改修の受益者だ」と歓迎した。

独創的なデザインと世界的に高い認知度のお陰で、メモリアル・コロシアムは将来の展望が開けている数少ない五輪スタジアムの一つとなっている。

註

＊10：UCLAブルーインズは一九八二年、ロサンゼルス近郊のパサデナ市にあるローズボウルへ本拠地を移した。

＊11：NFLが一九七三年に設けた独自ルールで、試合開始の七二時間前の時点でチケットの八五％が売れていなければ、スタジアムを中心とする半径七五マイル（約一二〇キロ）の範囲内ではテレビ中継が行われない。このブラックアウト制度は二〇一四年まで続いた。途中、ルールは緩和されたものの、メモリアル・コロシアムは収容人数が多過ぎてこのルールにしばしば抵触し、一九七〇年代にNFLラムズのホームゲームがロサンゼルス地域でテレビ中継されなかったことが実際に何度もあった。

＊12：二〇一七年末現在、ガイド付きツアーの料金は二五ドル（二七〇〇円）、ガイドなしの場合は一〇ドル（一〇八〇円）だった。しかし、プレスボックスなどを備えた七階建てタワーの建設中は一時的に見学ツアーの受け入れを停止した。

（五）七万の観客席で観衆一〇〇〇人のホームゲーム
――ソウル・オリンピック・スタジアム（一九八八年ソウル）

古びた陸上競技場の様相

一九八六年アジア競技大会、一九八八年ソウル夏季五輪大会を記念するためにソウル市南東部に造成されたオリンピック公園は、今も市民がよく訪れる憩いの場所だ。面積は一四五ヘクタール。中心部にある百済《くだら》時代の遺跡「夢村土城」を取り囲むのは広大な緑の空間で、三四万株の樹木が植えられ、四〇〇種あまりの野生生物が生息しているという。その周りには人造湖が横たわる。公園内にはオリンピック体操競技場、ハンドボール競技場、オリンピック・テニスコート、自転車競技場などソウル五輪当時の競技施設が残り、スポーツにとどまらずコンサートや各種イベントなど幅広い用途で使われている。近代的なコンサートホールに改装されたオリンピック・ホールなどの諸施設も点在する。また、世界的に有名な彫刻作品二〇〇点あまりが公園の随所に置かれ、歴史、文化、スポーツ、そして自然が一つに溶け合ったユニークな緑地公園を形成している。

しかし、五輪スタジアムはこのオリンピック公園内にはない。ソウル市を貫く漢江《ハンガン》の同じ南側で、公園から西へ約五キロ離れた蚕室《チャムシル》総合運動場にたたずむ。蚕室総合運動場には客席数六万九九五〇の五輪スタジアムのほか、ソウル五輪で水泳種目の会場となった屋内プール、バスケットボールなどが行われた蚕室体育館、野球種目が行われた蚕室野球場、駐車場が、やや手狭な敷地内に林立する。広大な緑地公園であるオリンピック公園に対して、蚕室総合運動場はどちらかといえばコンクリートが目立つ、日本各地にありがちな総合運動公園のようである。

二〇一七年九月、その五輪スタジアムを訪ねた。地下鉄の総合運動場駅を降り、目の前の正面ゲートをまっすぐに進むと、目に飛び込んできたのは五輪スタジアムに掲げられた巨大な五輪マーク。虎をモチーフにしたソウル五輪のマスコット「ホドリ」の巨大な地上絵も出迎えてくれた。正面の入場口付近にはボックス型のチケット売り場。五輪スタジア

聖火台と陸上トラックが残るソウル五輪スタジアム
＝2017年9月撮影

ムは二〇一五年からプロサッカー・Kリーグ二部のソウルEランドFCの本拠地として使用されており、そのクラブ専用のチケット売り場だった。あいにく試合のない日で、チケット売り場は固く閉じられ、周囲は人影もまばらだった。

スタジアムの中へ入ってみた。客席から一段下がったコンコースは十分な広さが確保されているものの、天井は低く、薄暗い。竣工から三〇年以上経つため傷みが目立つ。コンクリートの表面はところどころめくり上がり、コンコース上に一部敷かれた緑色のビニールマットのようなものは風雨にさらされてボロボロで、質感さえ変わるほど朽ちていた。

客席は二層に分かれる。階下の第一層は座席がオレンジと青色に、階上の第二層は緑と黄色にそれぞれ塗り分けられていた。第一層の座席は背もたれ付きだが、ひじ掛けはない。第二層は背もたれがなく、一応座席ごとに切り分けられているものの長いすのような状態だ。いずれも座席の間隔と前後の幅が極めて狭い。通路が少ないため一列の座席数が非常に多く、観客席の傾斜もとても緩やかだ。また、飲食物を販売する売店は見当たらず、食事を楽しみながら試合観戦できるレストランなどの施設もなかった。古びた大型の陸上競技場という趣だった。

フィールドに目をやると、芝生のあちこちがはげ、茶色い土がむき出しになっているのが遠目でも確認できた。メンテナンスに十分な資金が充てられていないことは歴然だった。陸上トラックの周りには十分なスペースが設けられているが、裏返せばフィールドと観客席の距離がいっそう遠く、サッカーなどの観戦には適さない。

陸上トラックの脇からニョキニョキと宙に伸びている塔が目に留《と》まった。米国でよく見るフロアランプの形に似た聖火台だった。

Kリーグの本拠地に

ソウルの五輪スタジアムは、これまで紹介してきた五輪スタジアムと違って、大会後の有効利用について十分な準備と議論が行われた形跡はない。欧米と違いプロスポーツリーグが十分に育っていなかった当時のアジア地域の事情と、ソウル五輪開催が韓国の民主化直後だったことを考え合わせると、それも致し方のないことだ。一九六四年東京五輪の舞台となった日本の旧国立競技場と同様、建設当初は競合する同規模の大型スタジアムが近くに存在せず、有効利用うんぬんを議論する必要さえなかったのかもしれない。

五輪スタジアムでは長年、サッカー韓国代表がプレーしてきた。しかし、二〇〇二年FIFAワールドカップ日韓大会ですっかり環境が変わってしまう。W杯を機に、ソウル市の西端にサッカー専用競技場であるソウル・ワールドカップ・スタジアム（客席数六万六七〇四席）が新しく建設され、サッカー韓国代表が本拠地を移してしまったからである。試合観戦に適さない五輪スタジアムの造りを考えれば、移転の理由は明らかだ。さらにW杯に向けて、ソウル周辺の衛星都市でも四万〜五万人規模のサッカー専用競技場が次々に建設された。

五輪スタジアムはその後の一時期、サッカーのアマチュアリーグ「K3リーグ」に所属するソウル・ユナイテッドFCの本拠地となり、二〇一五年以降はKリーグチャレンジ（現Kリーグ2）に所属するソウルEランドの本拠地になっている。しかし、プロサッカークラブといっても毎試合の集客数は一〇〇〇人程度で、開幕戦など特別な試合でも数千人どまり。しかもホームゲームは年間一八試合にとどまる。約七万人収容の五輪スタジアムにはあまりにも不釣り合いな核テナントだ。だから、試合日はピッチの片側とゴール裏に簡易スタンドが設けられ、ファンはそこで観戦する。本来のスタンドは基本的に使用されない。

五輪スタジアムを運営するソウル特別市体育施設管理事務所のホームページによると、それでもスタジアムは二〇一七年に年間一六三日間稼働し、約七〇万人が利用したことになっている。

本書がこれまで言及してきたスタジアムの「稼働日」とは、チケット販売を伴うイベント開催日数だけを指し、無料開放日やイベントの開催準備・予備日は含まない。ソウル五輪スタジアムの稼働日が、自治体の行事などを含まずにすべて有料でイベント主催者に貸し出されたものかどうか、また準備日などを含まない純粋なイベント開催日数だけをカウントしたものかどうかは分からない。

また、本書では有料入場者数だけを「観客数」としてカウントしているが、ソウル五輪スタジアムの年間約七〇万人の観客数が同じ定義に当てはまるのか否かも正直分からない。本拠地として使用するソウルEランドのリース料はいくらなのか？　スタジアムの収支はどうか？　詳細な話が聞きたくて何度も問い合わせをしたが、最後まで協力は得られなかった。

構想されるリニューアル計画

ひっそりとした五輪スタジアムとは逆に、隣の蚕室野球場は普段からにぎわいが絶えない。韓国プロ野球のLGツインズと斗山《トウサン》ベアーズのダブル本拠地となっているほか、野球場の一階部分にはロッテリアなど多くの飲食店がテナントとして入居し、球場の外からもアクセスできる。

後日、野球の試合がある日に訪れてみると、試合開始の一時間以上前だというのに人だかりができていた。韓国における近年の野球人気の高まりは本物だ。

一方、ソウル・ワールドカップ・スタジアムにも足を運んでみた。長方形のフィールド近くまで観客席が迫る近代的なスタジアムで、観客席の下は巨大なショッピングモールになっていた。ＩＭＡＸシアターもあった。試合開催の有無にかかわらず日常的に多くの人が訪れ、お金を落とす仕掛けになっている。スタジアム前の広場には色とりどりの屋台が並んでいた。ワールドカップ・スタジアムのにぎわいを目にすると、五輪スタジアムがいっそうみすぼらしく見えた。

しかし現在、起死回生のプロジェクトが進んでいる。ソウル特別市が二〇二五年をターゲットに、民間資金も活用しながら四〇ヘクタールの蚕室総合運動場を再開発し、ＭＩＣＥ（大型展示場・会議場）を併設した一大スポーツ・文化拠点に生まれ変わらせる計画を描いているのだ。

計画では、延べ床面積一〇万平方メートルの高層のコンベンション・センターを新たに建設するほか、五〇〇室の五つ星ホテル、一〇〇〇室のビジネスホテルを新設。蚕室野球場も移築・建て替えをする。五輪スタジアムも現在の楕円形のデザインはそのままに、国際試合に対応する近代的なスタジアムに改修する予定だという。さらに漢江を望むリバーサイドも市民の憩いの場として再開発される。しかし、詳細はまだ明らかにされていない。

リニューアルで五輪スタジアムがどう生まれ変わるのか。今後を注視したい。

（六）バルセロナ再生の落ちこぼれ

――エスタディ・オリンピック・リュイス・コンパニス（一九九二年バルセロナ）

成功したバルセロナモデル

バルセロナ中心部の高台、モンジュイックの丘の上に、一九九二年バルセロナ夏季五輪大会の主会場「エスタディ・オリンピック・リュイス・コンパニス」はたたずむ。建物の正面はヨーロッパの宮殿を思わせる造りで、手前には滝のように流れる噴水が設けられ、そこからまっすぐに長い水路が伸びている。外観からは、それがスタジアムであることを想像しにくい。

しかし、内部は楕円形をしたごく普通の陸上競技場である。色鮮やかな青色の陸上トラ

正面は宮殿を思わせる造りで、モンジュイックの丘の上に建つバルセロナ五輪スタジアム＝2017年４月撮影

ックが印象的で、六万人収容の観客席の傾斜はとても緩やかだ。

この五輪スタジアムはもともと一九二九年バルセロナ万国博覧会のために建設された。バルセロナ五輪を前に、七〇億ペセタ（＝七〇〇〇万ドル、七五億六〇〇〇万円）をかけて改修工事が行われた。収容人数を当初の五万人から六万人に増やすため、フィールドを一一メートル掘り下げて観客席を増設。また観客席の一部を覆う屋根も取り付けられた。長い歴史と風格を兼ね備えたこのスタジアムは、市民からモンジュイック・スタジアムの通称で親しまれる。

スペインのカタルーニャ州の州都でもあるバルセロナは、地中海に面した国際的な都市だ。人口は約一六〇万人。周辺都市を含めると四八〇万人が暮らす。地中海性の温暖な気候、整った生活インフラ、コスモポリタンな気風、サグラダ・ファミリア教会で有名なアントニオ・ガウディの建築群をはじめとする三つの世界遺産、豊かな自然……。この都市の魅力が一斉に開花するきっかけになったのが五輪開催だった。

バルセロナ五輪は、五輪を触媒として民間投資を活用し都市再生を行った成功例「バルセロナモデル」としてよく知られている。

この都市再生プロジェクトには二つの大きな柱があった。一つは市中心部の旧市街地ラバル地区の再開発。一九七〇年代、この地区は薄暗く狭い路地が入り組み、家々が軒を寄せるようにして建ち並ぶ貧しい中華街で、麻薬の売人や売春婦がたむろする治安の悪いエリアだった。五輪をきっかけに始まった再開発では、まず密集する建物を間引き、地区を縦断する幅広い遊歩道を建設。通り沿いにはバルセロナ現代文化センター、バルセロナ現代美術館などの文化施設を次々に建設したほか、世界最高級のオペラハウス「リセウ大劇場」も活用して、一帯を文化が薫る地区に変貌させた。現在では、おしゃれなカフェやレストランが通りに建ち並び、たくさんの大道芸人が集まって夜遅くまで多くの人でにぎわうエリアだ。

もう一つはベイエリア開発。従来は工場が建ち並ぶ環境汚染のひどい地区で、空き地も目立っていた。そこに五輪の選手村を建設。合わせて高級ホテル、人工ビーチ、ヨットハーバー、カジノを含む商業レジャー施設、オフィスビルなどを戦略的に配置した。選手村は五輪大会後、一般の住宅に転用されている。五輪開催を触媒にして、バルセロナは見事に世界有数の観光都市、IT（情報技術）企業が集積する都市へと変貌を遂げたのである。

だが、まばゆいばかりの成功の陰で、黒いシミのような汚点が一つある。それが五輪スタジアムだった。

次々に消えた核テナント

まるでお役所仕事の典型のようだが、五輪スタジアムを所有・運営するバルセロナ市議会には大会後にスタジアムを有効に利用しようという発想はなかったようだ。五輪閉幕の直後から、年に何回か開催される有名アーティストによるコンサートを除けばほとんど使われる機会がなく、スタジアム周辺はいつもひっそりと静まり返っていた。

バルセロナには世界に名だたるプロサッカーリーグ「リーガ・エスパニョーラ」所属のFCバルセロナがある。メッシらスター選手をそろえた世界有数の強豪クラブだ。その本拠地であるカンプ・ノウは収容人数約一〇万人を誇り、試合のある日もない日も大勢の人でいつもごった返している。それに比べると、人けのない五輪スタジアムは地味な印象がぬぐえない。

それでも五輪閉幕から三年を経た一九九五年、降ってわいたように、「五輪スタジアムを本拠地にしたい」というプロスポーツチームが現れた。米NFL傘下で欧州リーグ「NFLヨーロッパ[*13]」に所属するバルセロナ・ドラゴンズだった。二年間の活動休止期間を経てリーグ戦を再開するにあたり、本拠地を探していたのだ。

さらに翌年、リーガ・エスパニョーラ所属のRCDエスパニョールが経営難のため自らが保有するスタジアムの売却に踏み切り、本拠地を五輪スタジアムに移した。

しかし、両クラブとも長くは定着しなかった。ドラゴンズはファンの拡大に苦労し、オーナー交代のタイミングで二〇〇二年、本拠地を別に移し、翌年に解散してしまう。RCDエスパニョールも二〇〇二年初め、市南西部のはずれに自己資金でサッカー専用競技場を建設すると発表した。RCDエスパニョールが最終的に本拠地を移したのは二〇〇九年になってからだが、リース契約開始からわずか六～七年で次々に有力テナントが去る、あるいは本拠地の移転を表明するというのはやはり異常だ。

五輪スタジアムは結局、二〇一〇年欧州陸上競技選手権大会が開かれて以降、再び以前のようにほとんど使用されないスタジアムに逆戻りした。

経営難で解散したドラゴンズは別にしても、毎試合平均二万人以上を集客するRCDエスパニョールが早々と五輪スタジアムを去ったのはなぜなのか。クラブ側の事情なのか、それとも五輪スタジアムに問題があったのか。

それを確かめるために、RCDエスパニョールと五輪スタジアムの双方にインタビューを申し込んだ。五輪スタジアム側には情報提供を断られたが、RCDエスパニョールが応じてくれた。

「ホームとはとても呼べない」

ＲＣＤエスパニョールがバルセロナ都市圏のエル・プラット地区に、自己資金で建設したＲＣＤＥスタジアムを訪ねたのは二〇一七年四月。スタジアム担当部長のジョセフ・トルドラが応対してくれた。

最寄りのメトロ駅から徒歩で約一五分のスタジアムまでは何の変哲もない住宅街が広がる。そこを抜けた途端、突如として眼前にスタジアムが現れた。ＲＣＤＥスタジアムは収容人数四万五〇〇〇人の近代的なサッカー専用競技場だ。長方形のフィールドの手前までスタンドが迫り、そこから傾斜角度を付けた二層式の観客席が上方に伸びる。二層の観客席にちょうど挟まれるようにビジネスフロアが設けられ、五四室の個人向けスイートルームと三室の企業向けスイートルーム（四〇〇人収容）が数珠《じゅず》つなぎになっていた。

スタジアムはゴミ捨て場だった河川敷の真上に建てられており、軟弱な地盤対策として地中深くまで達する計二五〇〇本もの杭《くい》が打ち込まれているという。建設費は六二〇〇万ユーロ（七四億四〇〇〇万円）。近年のサッカー専用競技場としては桁違いに安い。ただし、クラブは土地の買収費用として別に二〇〇〇万ユーロ（二四億円）を費やしている。

資金を捻出するためにクラブは土地の一部を地元企業に売却した。そこに建設されたのが映画館を兼ね備えた大型のショッピングモール。モールとスタジアムが渾然《こんぜん》一体となった造りになっており、試合日に観客は容易に行き来ができる。五輪スタジアムとは対照的に、年間を通して大勢の人でにぎわうスタジアムだ。ＲＣＤＥスタジアムは二〇一〇年、スタジアム・ビジネス・アワードの「ベニュー・オブ・ザ・イヤー」に輝いている。

トルドラは、ＲＣＤＥスタジアムの特徴を丁寧に説明してくれた。そして核心部分である五輪スタジアムを去った事情について触れた。

「そもそも陸上トラックが残る五輪スタジアムは、サッカー専用競技場とはまったく違うコンセプトで建てられている。陸上やサッカーだけでなく、ラグビーなどいくつものスポーツ競技を開催できるように設計されているが、少なくともサッカー観戦には向かない。サポーターも『五輪スタジアムは我々のホーム（本拠地）ではない』と口々に不満を募らせていた」

「また五輪スタジアムでは、我々は二週間に一度会場を借りるだけの〝間借り人の一人〟

に過ぎなかった。ほかのイベントと競合しないように試合日程を組まなければならず、スタジアム運営が非常に難しかった。それに対してRCDEスタジアムは、我々のホーム（本拠地）であり、資産だ」

つまりはこうだ。観客席の傾斜角が緩やかで陸上トラックも残る五輪スタジアムは、フィールドと観客席の距離が離れ過ぎていてサッカー観戦に適していない。また、近代的なサッカー専用競技場であるRCDEスタジアムがスイートルームやプレミアムシートを充実させているのに対して、老朽化した五輪スタジアムにはスポーツ観戦をしながら食事を楽しめるスイートルームがそもそも存在しない。さらに、ホームゲームの日程さえ一存で決められない運営方法にも強い不満を募らせていた。

RCDエスパニョールが五輪スタジアムと結んでいたリース契約の中身も歓迎できるものではなかった。トルドラによれば、チケットとグッズの売り上げは一〇〇％クラブに入ったが、飲食物販売の利益配分は一〇％どまり。もちろん高値で販売できるスイートルームは存在しない。一方、スタジアム内の看板広告を含めたスポンサーシップのうち一〇〇％クラブの収入になったのは六社だけで、ほかはスタジアム側と分配させられた。命名権を販売して収入にすることも不可能だった。

専用競技場を建設すれば、収入の制約はなくなる。加えて、リーグ戦以外にスポーツイベントやコンサートを誘致できれば、収入がその分増えるというわけだ。実際、ＲＣＤＥスタジアムでは年一九試合のリーグ戦のほかに、年一〜二回のコンサート、約四〇の商業イベントを開催しているという。

トルドラは最後にもう一つ、五輪スタジアムの問題点を挙げた。それはスタジアムの収容人数の多さだった。「新スタジアムの収容人数をどうするか。それは最も大切な問いの一つであり、我々が出した答えは四万人」

ＲＣＤエスパニョールは先にも述べたように、毎試合二万人以上を集客するリーガ・エスパニョーラの中堅クラブである。それでも五輪の開閉会式と陸上種目のためにわざわざ六万席に拡張した五輪スタジアムの客席数は、ＲＣＤエスパニョールには過剰だった。空席が目立てば当然、全体の雰囲気を損ね、観客を興ざめさせてしまう。

最適な収容人数は何人か、プレミアムシートやスイートルームを含めた座席数の構成をどうするか、ショッピングセンターやホテルなどスタジアム内に組み込むサービス施設を何にするか……。これらをスタジアム建設前のデザインの段階で徹底的に議論することは、近年のプロスポーツ界の常識である。既存のスタジアムに後付けでテナントをあてがってもなかなかうまくいかないことを、バルセロナの例は示している。

スポーツ・テーマパークの挑戦

「バルセロナ市の年間スポーツ予算二五〇〇万ユーロ（三〇億円）のうち二〇％以上が五輪競技施設の維持費に充てられている。その大半は五輪スタジアムと隣接する屋内競技場のパラウ・サン・ジョルディが占める」と、二〇一二年、ネットニュースが伝えた。五輪スタジアムは二〇一〇年以降、ほとんど使用されず、自力で収入を生み出すことがなかったから、毎年数億円の税金が維持費として消えていたことになる。

負の遺産と化したその五輪スタジアムに突然、救世主が現れた。地元企業家のパコ・メディナである。ある日、空港に向けて降下する飛行機の中から眼下の五輪スタジアムを眺めて、あるアイデアが浮かんだという。「輝く太陽と温暖な気候に恵まれ、スポーツインフラも整ったバルセロナこそスポーツをするのに最適な場所だ。『スポーツのテーマパーク』を開業するならば、五輪スタジアムをおいてほかにない」

二〇一六年六月一六日、メディナ自身が運営会社のCEOとなり、「オリンピック・リング」と呼ばれる五輪スタジアムと周辺の公開スペースを利用して、世界で初めてのスポーツ・テーマパーク「オープン・キャンプ」を開業させた。バルセロナ五輪の栄光の記憶を呼び起こしつつ、当時の雰囲気を味わえる場所で身近にスポーツを楽しんでもらおうというコンセプトである。

広報担当のマリア・ザパタによると、オープン前には山のような仕事が待ち受けていたという。長年、ほとんど使用されてこなかったため、場内はあきれるほど汚れ、ペンキも至るところではげていた。七五〇〇万ユーロ（九億円）を投資して電気系統を含めた設備を更新し、場内を清掃し、ペンキを塗り直して、かつての輝きを取り戻そうとした。オープン・キャンプの名称は、「皆に広く開かれたスポーツのキャンプ地」という意味を込めて、メディナCEO自身が名付けた。

テーマパークでは、バスケットボール、ボクシング、野球、射撃、幅跳び、一〇〇メートル走、サッカー、アーチェリー、車いす競走など二五種類のスポーツが楽しめる。パソコンを使って対戦するコンピューターゲームや、日本のゲームセンターによくあるバイクレースの体感ゲームまであった。

例えば一〇〇メートル走の場合、三度の五輪で金メダルを獲得したウサイン・ボルトの世界記録九秒五八を体感できるように、光の移動でスピードを再現し、一緒に競走した気分が味わえる。ボクシングは参加者が直接殴り合うのではなく、四隅のリングに設けられたマシンを相手にそれぞれパンチを繰り出し、パンチの正確さや強さを競う。また、友人同士で訪れて、サッカーやバスケなどの試合もできるようになっている。各競技には専門のインストラクター兼アシスタントが付く。スポーツ指導とパークの運営に携わる常勤スタッフは一〇〇人で、繁忙時には一三〇人の臨時スタッフを雇う体制を組んでいた。

二〇一六年は一三〇日間営業し、六一万一〇〇〇人を集客。一日あたり約四七〇〇人が来場した計算になり、まずまずの出だしといってよかった。

二〇一七年は四月に再オープンし、一月前半までの木~日曜を基本に一七四日間営業する計画を立てていた。営業時間は午前一〇時から午後六時までで、日が陰るのが早い冬季は午後五時までの設定だった。ナイター設備を使わなくて済むよう、経費削減のために日没までに営業を終了する方針だったのだろう。

オープン・キャンプの入場料は、すべてのアクティビティが楽しめる二〇ユーロ（二四〇〇円）の一般チケットのほか、五輪スタジアム内のアクティビティだけが楽しめるスタジアムチケット（一五ユーロ＝一八〇〇円）と、一種目限りの限定チケット（五ユーロ＝六〇〇円）の三種類が用意されていた。四歳以下は無料。子供の団体向けには割引料金も設定されていると聞いた。

ザパタは「五輪スタジアムの所有者である市議会と一〇年間のリース契約を結んでいる」と話した。リース料については当初、口をつぐんでいたが、地元紙に載っていた「年間九五万ユーロ（一億一四〇〇万円）」という数字を後に追認してくれた。すでに七五〇万ユーロの初期投資を行っているため、開業二年目の二〇一七年はリース料の支払い期限を先延ばししてくれるよう、市に要請しているとも語っていた。地元紙によると、二〇一六年のオープン・キャンプへの来場者は六一万人強いたが、そのうち二〇ユーロの一般チケットを購入した人は一二％にとどまったという。

また、ザパタは「市がスタジアムのスケジュール権を握っていて、営業日を自由に決められず、毎年交渉する必要がある。二〇一七年は稼ぎ時の七月と九月に市の行事が入っていて、それぞれ二週間使用できないなど運営が難しい。魅力的な施設とするためにはスタジアムに手を加えることが必要だが、それも許されていない」とこぼしていた。

RCDエスパニョールで聞いた不満と何一つ変わらない。何年経っても市は相変わらず、五輪スタジアムの設備改善に投資する考えはなかったし、テナントと一緒に汗をかきながらスタジアムを有効利用しようとする発想も持ち合わせていなかった。

ただ、このオープン・キャンプの試みは、世界中から注目を集めているようで、ザパタは「複数の過去の五輪開催地から商談の引き合いがある」と明かした。「世界の多くの場所で五輪の競技施設が死にかけている。かつての輝きを取り戻すことができないか、というのは共通の悩みだ」

そして誰もいなくなった

私がオープン・キャンプの現場を訪問したのは二〇一七年四月初旬。シーズン二年目の営業日初日だった。イースター（復活祭）休暇前の土曜日の昼間にもかかわらず出足は低調で、来場者の少なさが気になった。また、すべての施設に入場可能な一般チケットで入場し、写真を撮るために何度も五輪スタジアムを出入りしたが、そのたびごとに来場者数を数えるカウンターがカチリと鳴った。初年度の六一万人強という来場者数は本当に信用できる数字なのか、と疑念がよぎった。

来場者は笑顔でスポーツを楽しんでいたが、もう一つの疑問も浮かんだ。友人とサッカーをしたり、陸上競技をしたりするのに、いったい何人の人が毎回二〇ユーロを支払ってわざわざ五輪スタジアムまでやって来るのだろうか。

さらに気になったのは、モンジュイックの丘の上に建つ五輪スタジアムへの交通アクセスの悪さである。利用できる公共交通機関は路線バスしかない。確かに最寄りのメトロ駅から徒歩でたっぷりと時間をかけ、急峻《きゅうしゅん》な丘を上り下りすることも可能だ。丘の中腹まで設置されているエスカレーターを利用すれば足腰への負担は少ないだろう。しかし、私が訪れたときはたまたま部分的に運転が止まっていた。往路は路線バスを利用していたので問題なかったが、もし徒歩ルートを利用していたなら、きっと絶望的な気持ちになっただろう。

私の疑念は的中した。二〇一七年秋、オープン・キャンプのホームページを開いてみると、一時的に営業を停止していることを知らせる告知が目に飛び込んできた。ネットでさまざま検索してみると、「七月末で突然、営業を停止した」と告げる地元紙の記事が見つかった。

しかし、私には驚きはなかった。五輪スタジアムの高額なリース料の引き下げや支払い期限の延長といった財政的な支援をバルセロナ市議会から得られず、経営が行き詰まったに違いない。

後日、ザパタのGメールに問い合わせてみたが、返事は戻ってこなかった。二〇一九年一一月末現在、オープン・キャンプは再開されていない。

註

＊13：NFLヨーロッパは一九九七年まではワールド・リーグ・オブ・アメリカンフットボール（WLAF）というリーグ名だった。

（七）球団に逃げられたスタジアム
――ターナー・フィールド（一九九六年アトランタ）

七カ月で野球場へ大改修

一九九六年アトランタ夏季五輪大会で開閉会式と陸上種目が行われた五輪スタジアムは大会後、野球場に姿を変え、MLBアトランタ・ブレーブスの本拠地ターナー・フィールド[*14]として第二の人生を歩んだ。ブレーブスといえば、かつての本塁打王ハンク・アーロンが活躍し、三度のワールドシリーズ優勝[*15]に輝いた米国南部の名門球団である。

楕円形をした客席数八万五六〇〇席の陸上競技場から、扇形をした五万席の野球場へ――。大規模な改修工事にもかかわらず、工期はわずか七カ月間に過ぎなかった。スタジアムの設計・デザインの段階から、野球場への改修を想定した用意周到なプランが練られていたからである。

いや、そもそもアトランタが五輪招致に乗り出した出発点から、この構想はすでに形作られていたといってよい。

立役者はアトランタ大会組織委員長のビリー・ペイン。卓越したリーダーシップを発揮し、五輪招致実現を導いた地元ジョージア州出身の弁護士である。「故郷アトランタをアメリカ南部の中核都市から世界的な知名度のある大都市に押し上げたい」という郷土愛が彼を突き動かした。ペインは後に、ゴルフの祭典「マスターズ」が開催されるオーガスタ・ナショナル・ゴルフクラブの会長を長く務めた。

ロサンゼルスのメモリアル・コロシアムの項でも記したように、米国では近年、警備費用を除く五輪開催に伴うすべての費用を民間が負担している。各競技施設の建設・改修、オリンピックの運営、関連するインフラ整備などすべてを民間が担う「完全民営化のオリンピック」である。アトランタ五輪も例に漏れず、ペインが音頭を取り、コカ・コーラ、CNN、デルタ航空をはじめとする地元の大企業などから資金を集めた。ジョージア州もアトランタ市も五輪開催のために税金を一ドルも投じていない。五輪スタジアム（ターナー・フィールド）の建設費と改修費の総額は二億ドル（二一六億円）だったが、その全額を大会組織委員会が負担した。

既存施設を最大限に利用する完全民営化方式では、五輪施設を一般の人が利用できる永続的なレガシーとして残すことが難しい。アトランタ大会では新設の競技会場は九カ所あったが、コストを抑え、後利用にも困らないようにとアクアティック・センター（水泳競技場）など多くは大学のキャンパス内に建てられ、オリンピックの記憶をとどめるものはほとんどない。選手村も大学学生寮として建設・転用された。そのため大会組織委員会は知恵を絞り、市中心部に都会のオアシスとなる「一〇〇周年オリンピック公園」（八・九ヘクタール）を造った。五輪マークをかたどった噴水が水しぶきを上げる緑あふれる公園には、世界最大級の水族館のほか、コカ・コーラ発祥の地を記念するワールド・オブ・コカ・コーラ博物館、CNNセンターなどの魅力的な施設が建ち並び、市民や観光客が集まる人気スポットになっている。

一九九六年夏季五輪大会は、ギリシャで近代五輪最初の大会が開催されてからちょうど一〇〇周年にあたる記念大会であり、招致レースにはアテネも立候補を表明していた。米国では一九八四年にロサンゼルス夏季大会が開催されており、下馬評では圧倒的にアテネが有利。しかし、大方の予想を覆してのアトランタ勝利だった。招致をめぐっては開催地決定に影響力を持つIOC委員に賄賂が贈られたとの疑惑もささやかれたが、ともあれ、五輪スタジアムを野球場に改修しようと考えた発想の源を、ペインに直接尋ねてみたかった。

二〇一六年一一月の電話インタビュー。スピーカーフォンを通して聞くペインの肉声は、南部なまりが混じるが若々しく聞き取りやすい声だった。

「その必要性があったからだ」

五輪スタジアムから野球場への改修の理由を、ペインはそう即答した。

「それまでの五輪開催地では、大会後、多くの競技施設が適切に使用されないままになっていた。米国人はそれら施設のことをホワイト・エレファントと呼ぶ。アトランタが同じ轍《てつ》を踏まないように、また大会後何十年経っても地域コミュニティの役に立つように、初期の段階から五輪スタジアムの再利用方法を考えていた」

ペインが目を付けたのはMLBの地元名門球団であるブレーブス。当時、ダウンタウンに建つ老朽化したアトランタ・フルトン・カウンティ・スタジアムを本拠地としていた。ペインは、そのスタジアムの隣に五輪スタジアムを建て、大会後に野球場に造り替える計画を考えた。老朽化したスタジアムはその後、解体して、九〇〇〇台を収容するターナー・フィールドの駐車場にする。

はじめのうちは米国オリンピック委員会もIOCも、「野球場と陸上競技場は形状があまりにも違い過ぎて、計画がうまくいくわけがない」とまったく相手にしなかったという。しかしペインは、「八万席もの巨大なスタジアムが五輪後に全く使われないまま廃墟《はいきょ》のように残されてもいいのですか」と何度も訴えた。「やがて、米国オリンピック委員会もIOCも、改修計画の大ファンになったよ」。こうしてブレーブス球団を巻き込んで、ターナー・フィールドの設計・デザイン、その後の改修工事までを一気通貫にした計画が実行されることになった。

周到に計画されたデザイン

具体的な改修工事の概要については別の人物の説明に委ねよう。当時の大会組織委員会の委員で、後にブレーブス球団社長（開発担当）になったマイク・プラントである。プラント自身、三〇年以上にわたって米国オリンピック委員会委員を務めているほか、国際自転車競技連合の役員でもある。

プラントが図解をしながら改修工事について説明してくれた。陸上トラックはもちろん仮設で、五輪期間中だけ使用し、すぐに取り除かれる。野球場へのスムーズな移行と観客席の削減のために、陸上トラックがちょうどカーブするスタジアム北側のスタンドを切り取り、観客席三万五〇〇〇席を取り除くようにした。五輪スタジアムの八万五六〇〇席の客席数はやはりメジャーリーグの球場には多過ぎるからだ。

工期短縮のためスタジアム北側は、基礎のコンクリートをベタ打ちしただけで床下構造のないスラブオングレード工法と、コンクリートをあらかじめ工場で成型して現場で組み立てるプレキャスト・コンクリート工法が採用された。観客席を取り除いてできた空間は「グランド・エントリー・プラザ」と名付けられ、ターナー・フィールドのメーンの入退場口となった。

一方、反対側のスタジアム南側は、陸上トラックとスタンドの間におにぎり形をした余

楕円形の五輪スタジアムから扇形の野球場に、わずか7カ月間の工期で改修されたターナー・フィールド（2016年限りで閉場）＝2016年9月撮影

分なスペースが設けられた。そのスペースに後で野球のホームベースやバッターボックスなどを設けるための工夫だ。また、スタジアムの東側と西側、つまり陸上トラックの直線部分にあるスタンドも、通常の陸上競技場とは違い並行ではなかった。片側は野球場になったときのレフト側のフェンスに、もう片側はライト側のフェンスの一部になるようにデザインされていた。外観こそ楕円形の陸上競技場だが、フィールドの一部は四つのベースで囲まれたダイヤモンドが浮かび上がってきそうな形状をしていたのだ。

また、これまでの五輪スタジアムとは違い、食事を楽しみながら試合観戦ができるようにスイートルームや売店を設置するスペースもあらかじめデザインに組み込まれていた。

逆にターナー・フィールドに変身を遂げた後も、随所に五輪スタジアムをしのばせる痕跡が残っていた。外野席の外側には半円形の広場が広がり、楕円形だった五輪スタジアムの当時の形状がうかがえた。

「わずか一六日間のスポーツイベントのためだけに二億ドルも要するスタジアム建設が許されていいはずがない」。プラントはそう言い切った。

税金・資金の無駄遣いだから、という指摘はもちろんだが、それ以上に深刻なのは、巨大な五輪施設を有効利用できなければ毎年何億、何十億円という維持費が垂れ流され続ける危険性があるからだ。

再びプラントの言葉を借りよう。「もし年間たった一人でも、スタジアムに足を運ぶ人がいるとすれば、その一人のためにシステム全体を維持し続けなければならない。電球を一つ灯すためだけでも年間五〇〇万ドル（五億四〇〇〇万円）から一〇〇〇万ドル（一〇億八〇〇〇万円）は必要だ。ほかに消防設備、火災保険料、水道供給などの基本的な維持コストが加わる」。さらに、フィールドの芝生の世話やメンテナンスに携わるスタッフの人件費なども必要だろう。スタジアム運営でしっかり稼げない限り、その費用は所有者の肩にずしりとのしかかる。ほとんどの場合、スタジアムの所有者は自治体であり、最後は納税者である我々一人一人がそのツケを払うことになる。

アトランタ市はある意味、幸運だった。五輪のおかげで民間資金だけで立派な野球場が建ち、市とフルトン郡は無償で寄贈を受けた。同時に、メジャーリーグの名門球団が老朽化した球場に見切りをつけてよそへ去る危険性を回避できたわけである。また、年間八一試合のホームゲームがあるメジャーリーグ球団のおかげで、ターナー・フィールドは毎年二〇〇万人超の観客を集めるスタジアムとして稼働し続けた。

アトランタ市とフルトン郡は「アトランタ—フルトン郡レクリエーション管理委員会（AFCRA）」をつくり、ターナー・フィールドを管理することにした。AFCRAには、ブレーブスとのリース契約によって年五〇万ドル（五四〇〇万円）の球場使用料のほかに、座席やビデオボードの設備更新やペンキの塗り替えに充てる設備改善基金として年一五〇万ドル（一億六二〇〇万円）が入ってきた。また、ブレーブスのおかげで新規雇用が生まれ、税収も増えた。

ブレーブスとしても球場内でのビジネス活動はすべて球団の収入になるため、球場の有効利用に積極的に取り組んだ。球場を見学するツアーを催行したり、結婚式やミーティングなどに球場内のスペースを貸し出したりして、プラントによれば「年間二五〇日近い稼働日」があった。

三〇〇〇万ドルで身売り

終局は突然に訪れた。少なくともターナー・フィールドを所有するアトランタ市とフルトン郡にはそう映った。

二〇一三年、ブレーブスはアトランタ市などと結んでいたターナー・フィールドのリース契約（一九九七〜二〇一六年の二〇年間）の延長を拒否し、アトランタ近郊のコブ郡に新球場を建設し、移転する計画を発表したのだ。

見捨てられた格好のアトランタ市などはブレーブスに替わる核テナント探しを早々に断念。当時のカシム・リード市長が「ターナー・フィールドはブレーブスが移転する二〇一七年に解体されるだろう」と発言したことが、地元紙などに載っている。

二〇一六年九月、現地を訪れたときにアトランタ市役所を訪問し、市長の発言の真意を尋ねたが、「市長の本心ではない。ターナー・フィールドの解体など一度も検討した事実はない」（広報）と言い張った。

ターナー・フィールドはちょうど同じころ、ジョージア州立大学に三〇〇〇万ドル（三二億四〇〇〇万円）の安値で二七万平方メートルの一帯の土地ごと売却されることが決まっていた。大学はターナー・フィールドを収容人数二万三〇〇〇人のフットボール・スタジアムに改修する計画を持っていた。

年間八一試合、平均で二〇〇万人の集客を誇ったMLBの球場から、年間六試合しかない大学のアメフット競技場へ。その転落の度合いは大きい。

スタジアムには寿命がある。これまでの米国での研究で、スポーツ施設が竣工し、解体されるまでの期間を指す「経済寿命」は一般的に三〇年といわれている。その平均寿命と比べても、建設からわずか二〇年で、しかも安値で土地ごと売り払われてしまった旧五輪スタジアムは、あまりにも短い一生だったといえよう。また、「早期に五輪レガシーが完全に失われてしまった世界でも例のない五輪スタジアム」という汚名を着せられて、第三の人生を歩むことになった。

設計段階から深くかかわったブレーブスがなぜターナー・フィールドに見切りをつけて、本拠地を移転する決断をくだしたのか。

その裏事情を知れば、ターナー・フィールドの終わりは「突然」の出来事ではなく、「必然」の結果だったことが分かる。

たかをくくっていたアトランタ市

「ターナー・フィールドを去る気はまったくなかった。実際、リース契約の延長について粘り強く交渉を続けていた」

ブレーブスのプラント球団社長は、二〇一二年ごろからターナー・フィールドを所有するAFCRAと次の二〇年間（二〇一七〜二〇三六年）の契約延長を前提に交渉を続けていた、と明かした。

ただし条件があった。二〇年が経過して傷みが目立ってきたスタジアムの改修費用を要求したのである。老朽化した座席の交換に一五〇〇万ドル（一六億二〇〇〇万円）、LED照明への交換に五〇〇万ドル（五億四〇〇〇万円）、ペンキの塗り替えなどに一〇〇〇万ドル（一〇億八〇〇〇万円）……と詳細なリストを手渡し、「球場内の設備のアップグレードに今後二〇年間で計一億ドル（一〇八億円）が必要だ」と訴えた。

これには背景がある。ターナー・フィールドはもともとアトランタ大会組織委員会が建設・改修し、完成させた野球場である。アトランタ市もフルトン郡も一ドルのお金も投じていない。その後の二〇年間、座席や照明設備、ビデオボードの更新などの設備投資やメンテナンスはほぼすべてといっていいほどブレーブスが行った。その額は計一億二五〇〇万ドル（一三五億円）をくだらない。その間、AFCRAは二〇一〇〜二〇一四年にわずかばかりの資金を援助したに過ぎなかった。

「我々は借り手だ。球場を所有しているのはアトランタ市であり、フルトン郡だ」とプラント社長。大型改修の資金は当然、スタジアムの所有者が負担すべきだという正論だ。

しかし、市から返ってきた答えはひと言。「ノー・マネー（お金がない）」

ブレーブスは今度は、旧アトランタ・フルトン・カウンティ・スタジアム跡地に造成された駐車場を買い取る提案をした。駐車場は雨が降るたびに表層の土が流れて一帯がぬかるみになるため、ファンの不満と苦情が渦巻いていた。しかし、土地を所有するアトランタ市は二〇年間、状況を放置したままだった。ブレーブスは土地を買い取って駐車場を立体化するとともに、ショッピングモールなどを併設する計画を練った。

けれども、市は「あなたのところだけに（土地を）売ることはできない。もし入札で競り勝てば考えなくもないが」とつっけんどんだった。

ターナー・フィールドが立地するのはアトランタ市のダウンタウン。低所得者ばかりが住むとても治安の悪いエリアだ。そのうえ雨が降るたびにぬかるみになる土地を、ブレーブス以外の誰が積極的に購入しようと思うのか。

市は、ブレーブスの要求に対して「ゼロ回答」をしても、次の二〇年間のリース契約は更新されるとたかをくくっていたのである。

余談だが、米国で治安が悪いというのは命の危険を感じるという意味だ。アトランタ滞在中、メトロの駅から市役所まで一〇分くらいの距離を歩いた。しかしすぐに後悔した。平日の昼ひなかにもかかわらず、道路沿いの家の辻々《つじつじ》に目のうつろな男たちが立ち、じっとこちらを見つめている。明らかに薬物依存者たちである。道路を歩く一般住民は一人もいない。

ある道路標識に目を疑った。「ドラッグを売り買いした人には二〇〇〇ドル（二一万六〇〇〇円）の罰金が科せられます」とある。また、近くのコンビニに立ち寄ってさらに驚いた。キャッシャーは完全に防弾ガラスで覆われている。現金やカードのやり取りは海外で両替するときのように、中間にあるボックスを介して行う仕組みだった。改めて背筋に冷たいものが走った。

改善されぬ交通アクセス

ブレーブスには別の不満もあった。ターナー・フィールドの交通アクセスの悪さだった。ターナー・フィールドはダウンタウンに位置しながら、公共交通機関によるアクセスが非常に悪い。メトロの最寄り駅からとても歩けるような距離にはなく、途中の治安も悪い。最寄り駅からは試合開始の一時間半前から臨時バスが運行されるだけで、所要時間は一五分かかる。状況は二〇年間改善されなかった。

もちろん米国は車社会である。自家用車でターナー・フィールドを訪れる人の方が圧倒的に多い。しかし、市は十分な道路整備も怠ってきたため、球場へアクセスできる道路は二本だけ。球場周辺では慢性的な渋滞が発生し、試合開始時間に間に合わないファンが毎日一万人以上おり、ファンの不満も大きかった。

一方でアトランタ市は、NFLアトランタ・ファルコンズのために市中心部に建設するメルセデス・ベンツ・スタジアムに対し、巨額の資金提供を約束していた。二〇一七年にオープンしたこのスタジアムは七万一〇〇〇人収容のドーム型スタジアムで、MLSアトランタ・ユナイテッドFCの本拠地も兼ねる。一五億ドル（一六二〇億円）の建設費のうち約七億ドル（七五六億円）が公費負担と言われ、その多くをアトランタ市が拠出した。あまりにもちぐはぐな市の対応に、ブレーブスが不信感を募らせたのも当然である。

秘密交渉

球団社長のプラントは二〇一三年七月三日、アメリカ独立記念日の祝日の前日に、アトランタ市のベッドタウンであるコブ郡の行政トップと秘密裏に接触した。そして新球場建設の密談を重ねる。この動きが少しでもアトランタ市長に漏れたら、一瞬で構想はつぶされてしまうため、行動は慎重だった。全権を担ったプラントは水面下で交渉をまとめ上げ、四カ月後の一一月末、ついに調印にこぎつけた。

「過去のメジャーリーグの歴史で、新球場構想が事前に漏れなかったのは今回が初めてだ」と、プラントは語った。アトランタ市とフルトン郡には寝耳に水だったはずだ。

ブレーブスの新球場サントラスト・パークは二〇一七年にオープンした。球場名からも分かるように、サントラスト銀行が命名権を買い取った。[*16] プラントは「金額は言えないが、二〇～二五年契約で〝素敵な〟額だ」と話した。「野球界では最高額に近い数字だ」とも。報道によると、新球場の命名権は二五年総額二億五〇〇〇万ドル（二七〇億円）という。ブレーブスはターナー・フィールドでは命名権を売却できなかったが、新球場では年平均一〇〇〇万ドル（一〇億八〇〇〇万円）の追加収入を得ることになった。

サントラスト・パークは世界最先端のスタジアムだ。ブレーブスは球場単体ではなく、「バッテリー・アトランタ」と名付けられた街をまるごと造り上げた。球場の周囲には、レストランや小売店が建ち並ぶ三万五〇〇〇平方メートルの巨大なショッピングモールをはじめ、約六〇〇室の分譲マンション、四〇〇〇人収容のコンサートホールや映画館、客室数二六五室の一六階建て五つ星ホテル、全米最大のケーブルテレビ事業会社コムキャストの従業員一〇〇〇人以上が働く九階建てオフィスなどが林立する。最終的には七〇〇〇人が居住する街になり、五棟のオフィスビルと三棟のホテルを建てる計画だ。

新球場は客席数が四万一五〇〇席。ターナー・フィールドより九〇〇〇席少ないが、プレミアムシートの数が三五〇席から三八〇〇席に大幅に増える。スイートルームも充実する。駐車場の収容台数はターナー・フィールドより一〇〇〇台多い一万台に。道路事情も良く、ターナー・フィールドではアクセス道路がわずか二本だったが、サントラスト・パークは一四本もある。

球場建設費は六億七二〇〇万ドル（七二五億七六〇〇万円）。そのうちの六割をコブ郡が債券を発行するなどして拠出し、残り四割をブレーブス側が負担する。また、バッテリー・アトランタの建設には五億五八〇〇万ドル（六〇三億円）が投じられるが、そのほとんどをブレーブスが負担した。ブレーブスの試算では、一連のプロジェクトで三五億ドル（三七八〇億円）の経済効果が見込めるという。

契約では、ブレーブスは今後三〇年間、サントラスト・パークに本拠地を置く約束になっている。その後、五年間ずつ計四回の契約更新が可能で、選択権はブレーブス側が持つ。

私はバッテリー・アトランタがまだ建設中だった二〇一六年九月に現地を訪れた。球場はほぼ外観ができ上がり、重機が忙しく出入りしていた。ホテルやオフィスビル、ショッピングモールなども徐々に形作られているのが分かった。

サントラスト・パークを見下ろす仮住まいの球団オフィスから工事の模様を眺めながら、プラントは感慨深げだった。「三年前、一帯はうっそうとした森だった。そのとき、誰がここに街が誕生すると思っただろう」

プラントはこう続けた。「我々のファンの七五％はアトランタ市のダウンタウンではなく、この周辺地域に居住している。球場をファンに近いところに移しただけに過ぎない」

後の祭り

ブレーブスの動きは、メジャーリーグの経営を知る者には容易に想像がついたことだ。メジャーリーグでは一九九〇年代以降、稼げる球場造りを目指して新球場の建設ラッシュが続いており、一九九二年から二〇一九年までの二八年間で二二の新球場がオープンした。命名権が販売できなかったり、立体駐車場構想をつぶされたりしたターナー・フィールドのように、収入に足かせのある球場は移転の対象となりやすい。

アトランタ市とフルトン郡が、ターナー・フィールドに設備投資する意思がなく、交通アクセスの悪さや雨のたびにぬかるむ駐車場の状況を放置し続けたことが、ブレーブスに球場移転の決断を促したといってよい。

アトランタ市はブレーブスが本拠地移転を発表後、二〇一四年になってターナー・フィールドの再利用を考えるタスクフォース（特別チーム）を設置した。球場は最終的にジョージア州立大学に売却され、カレッジフットボールの競技場となることが決まったが、その後も都市計画専門のコンサルタントを巻き込んで、周囲の街づくりの絵を描いていた。担当者によると、スタジアムへとまっすぐ伸びる歩道を整備し、LRT（次世代型路面電車システム）を導入するプランもあるという。

しかし、財政的な裏付けを尋ねると、答えは返ってこなかった。ターナー・フィールドを含めた周辺一帯の土地を購入した地権者のジョージア州立大学が、タスクフォースが描く計画に沿った開発を進めるかどうかも未知数だった。周囲に何もなく、治安も悪く、水はけも悪いこの土地に、大学がさらなる投資をするかは疑問である。このことはタスクフォースの面々も認めていた。意地悪な見方をすれば、ブレーブスを失ったことから目を背けさせるための地元対策、アリバイづくりが目的だったのではないか。

五輪レガシーの雲散霧消はアトランタ市が自ら蒔《ま》いた種だった。市の直接の担当者とAFCRAに再三インタビューを申し込んだが、OKしてはもらえなかった。

註

＊14：ターナー・フィールドの名前は、MLBアトランタ・ブレーブスの当時のオーナーであり、CNNやターナー・ブロードキャスティング・システム（TBS）の創業者でメディア王としても知られるテッド・ターナーの名前にちなんで命名された。

＊15：MLBブレーブスの三度のワールドシリーズ優勝は、前身であるボストン・ブレーブス時代（一九一四年）、ミルウォーキー・ブレーブス時代（一九五七年）を含んでいる。

＊16：サントラスト銀行の合併により、二〇二〇年から「トゥルーイスト・パーク」となった。

（八）政府が買い戻して大改修に着手

——ANZスタジアム（二〇〇〇年シドニー）

産廃場に築かれたオリンピック公園

シドニー中心部から西へ一四キロ離れたホームブッシュ地区。南太平洋へと注ぐパラマタ川の中流域にあるこの地域に、二〇〇〇年シドニー夏季五輪大会の主要な競技施設を集めたオリンピック公園が築かれた。面積はシドニー中心部の約二倍に相当する六四〇ヘクタール。そのうちの三分の二を緑地が占める。

オリンピック公園の近くには選手村も建設された。[*17] 大会後に民間住宅へ転用。不動産価値は年々上昇し、一帯は現在、高級住宅地となっている。

ホームブッシュ地区の昔を知る人は、隔世の感があるという。なぜなら一帯は廃棄物による埋め立てが進み、水質・土壌汚染の激しかった場所だからである。

二〇世紀初頭、ホームブッシュ地区にはニュー・サウス・ウェールズ州運営の食肉処理場やレンガ工場が建ち並んでいた。一九三〇年代に入ると、殺虫剤や塗料、染料、樹脂などを生産する化学工場が数多く進出し、土壌の劣化とともに河川や地下水の汚染が指摘されるようになる。しかし、最も環境破壊が進んだのは一九六〇年代から七〇年代にかけてで、家庭用・産業用の廃棄物処理場としてごみの投棄がやみくもに行われた。

シドニーが二〇〇〇年夏季五輪の開催地に決まった一九九三年、この地域に突然、脚光が当たる。環境保全の取り組みをうたうシドニー五輪を象徴するプロジェクトとして、この地域にオリンピック公園を建設することが正式決定したためだ。

オリンピック公園の造成にあたり、地中から九〇〇万立方メートルに及ぶ量の家庭用・産業用の廃棄物が掘り起こされ、その後に八〇〇万を超す木々や草花、水生植物などが移植された。廃棄物の集積場から自然あふれる緑地公園へと変貌させる野心的なプロジェクトだった。後に五輪レガシーを活用するための基本計画「マスタープラン２０３０」がまとめられ、五輪後も継続的にオリンピック公園と商業・住居エリアを一体化させた街づくりを進める方針が打ち出された。

オリンピック公園の建設はもちろん、すべての競技施設のデザイン・建設・運営、選手村の建設・その後の改修・住宅販売、そして大会期間中の輸送手段の一切を担うことになったのが、一九九五年四月に設立されたオリンピック調整局（ＯＣＡ）である。ＯＣＡ設立と同時にトップの事務局長に就任したのは、州政府のインフラ担当の官僚でもあったデビッド・リッチモンドだ。ただ、彼がＯＣＡ事務局長に就任したときに決まっていたことといえば、ホームブッシュ地区にオリンピック公園を造り、隣接地に選手村を建設する方針だけ。公園内に配置する五輪競技施設のデザインや選手村の概要といった基本計画さえ示されておらず、オリンピック公園への交通アクセスも白紙のままだった。

また、オリンピック公園の中核施設であり、開閉会式と陸上種目が行われる五輪スタジアムについては「市場価格で建設する」という方針の下、民間主導で建設・運営されることだけは決まっていたが、肝心の入札条件などの準備はまったく整っていなかった。企業グループ三社が将来行われるであろう入札に参加する意思をすでに表明していたにもかかわらず、である。

すべての計画が遅れに遅れていた。

「全競技施設にオペレーターとユーザーを」

「私は、すべての五輪競技施設に適切なオペレーター（運営管理者）とユーザー（核テナントとなるスポーツ団体の意味）をあてがうことに最大の焦点を絞った。競技施設にのしかかる将来の維持管理・修繕費の負担が念頭にあったからで、五輪レガシーを活用する狙いもあった。前回の（一九九六年）アトランタ大会を実際に視察し、大会後に（一般の人が利用できる）競技施設や交通アクセスといった五輪レガシーが何も残らない運営の方法を目の当たりにして、いっそうその思いを強くした」

インタビューに対して、ＯＣＡのリッチモンド元事務局長は当時を回想しながら語った。アトランタ大会を反面教師にして、シドニーでは五輪レガシーを残すという視点から競技施設は仮設とせず、すべて常設にしたという。また、オリンピック公園を日常的に大勢の人が利用できるように大量輸送機関である鉄道の新路線を開設した。五輪スタジアムから四〇〇メートルしか離れていない場所に地下駅舎を造り、毎時五万人の輸送を可能にした。さらに、周辺地域の将来の人口増加を見越して、それまで発展のスピードが遅かったシドニー西部に路線バス網を整備した。

一方で、五輪後に競技施設で開催されるイベントなどの需要を勘案して、五輪スタジアムやアクアティック・センター（水泳競技場）などには多くの仮設席を設け、大会後に撤去して収容人数を削減することにした。

ＯＣＡは競技施設の設計段階から、将来の核テナントとなるスポーツクラブや団体などと次々にリース契約やパートナーシップ契約を交わしていった。

五輪スタジアムと同様に民間主導で建設・運営され、五輪ではバスケットボールと体操種目などが行われた屋内競技場シドニー・スーパードーム（現クドス・バンク・アリーナ、二万一〇〇〇人収容）は、プロバスケットボールのクラブとリース契約を結んだ。同じオリンピック公園内にあるアクアティック・センターは、強化指定選手を育成する同州スポーツ・インスティテュートとパートナーシップ契約を結び、水泳や飛び込みのオーストラリア代表選手の強化練習場として利用する一方、スイミングスクールの開催や九〇校以上におよぶ小学〜高校の校内水泳大会の会場として利用されることになった。五輪の卓球種目が行われたアリーナ「スポーツセンター（現キー・センター）」は、バスケットボールに似たネットボールチームの本拠地となった。

ただ五輪スタジアムだけは、プログビーリーグのクラブとテナント契約を結んだものの、それ以上に契約は広がらず、先行きに不安が残った。[*18]

経営難の末に命名権売却

シドニーの五輪スタジアムは、州政府の方針に則《のっと》って官民共同で建設された。この五輪スタジアムは、命名権を企業に売却した世界で最初の五輪スタジアムとしても知られる。[*19]といっても、スタジアムを所有・運営する企業が経営難の末、命名権の売却を図っただけなのだが……。

五輪スタジアムの建設は、入札を勝ち抜いた企業グループが担った。このグループには日本の大林組も参画している。入札時の最終提案書では、客席数をオリンピック史上最大規模となる一一万席とし、大会後に八万席に減らす▽建設・改修費の試算額は六億豪ドル（四四四億円）で、州政府の負担金は低く抑える——ことが示された。五輪招致時の最初のプランでは、五輪スタジアムの客席数は八万席と記載されており、大きな変更が加えられることになった。しかし、その数は最終的に一一万五六〇〇席にまで膨れ上がった。巨額の建設費をカバーするための苦肉の策で、その理由については後述しよう。

この企業グループと州政府の間で五輪スタジアム建設にかかわる合意文書が交わされたのは一九九六年。合意文書には、五輪スタジアムの維持・運営はスタジアム・オーストラリア・グループ（SAG）という運営会社に移管され、最終的にスタジアムの所有権と運営権は二〇三一年一月末に州政府に返還されることが明記された。州政府は、一九七六年モントリオール五輪で起きたような、五輪スタジアムの建設・運営に伴う巨額赤字と追加支出に苦しむリスクから解放されたのである。

五輪スタジアムはシドニー五輪前年の一九九九年に完成した。建設費と五輪後の改修費の総額は当初見込みよりも約一億豪ドル増え、約七億豪ドル（五一八億円）に達したが、州政府の負担額は全体の二割弱にあたる一億二四〇〇万豪ドル（九一億七六〇〇万円）にとどまった。残りを運営会社であるSAGが負担することになった。

SAGは資金調達の方法としてユニークな手法を考案した。五輪スタジアムで開催されるすべての五輪イベント（開閉会式と陸上種目）のチケットとその後三一年間すべてのスポーツイベントを観戦できる権利を抱き合わせた三万四四〇〇のメンバーシップと、ペアのメンバーシップに三一年間分の駐車場代を組み合わせた六〇〇組のプラチナメンバーシップを売却し、民間負担分の約六割を捻出しようとした。つまり建設・改修費の約半分を、五輪の観戦客を含むスタジアムの利用者に肩代わりしてもらおうとしたのである。

この結果、建設・改修費から逆算してはじき出された五輪開催時の五輪スタジアムの客席数は一一万五六〇〇席にまで膨れ上がったのだ。

売れないメンバーシップ

しかし、うまくはいかなかった。販売計画の半分の低調な売れ行きだったのである。理由は明白だった。ラグビーリーグ、ラグビーユニオンの決勝戦などと数試合のサッカーの国際招待試合を除けば、三一年間のメンバーシップ期間中にどのようなスポーツイベントが開催されるのか、明確な答えが示されていなかったからである。

メンバーシップの販売不振は、連動する五輪の開閉会式と陸上種目のチケットが毎日数万席の単位で売れ残ることを意味していた。慌てた大会組織委員会は一九九八年になって、運営会社のSAGが保有していた五輪チケットを肩代わりして販売することを決めた。

同時にSAGの資金計画そのものを抜本的に見直す必要もあった。そこで売れ残ったメンバーシップをいったんSAGがすべて買い取り、改めて年間パスとして毎年売り出す手法が採られた。[*20]

しかし、誤算はこれだけにとどまらない。五輪開催前年に開業した五輪スタジアムは近郊に立地する大型スタジアムとイベント需要を奪い合い、開業初年度からいきなり二年連続で赤字を計上した。ライバルの競技場として立ちはだかったのは、五輪スタジアムから東へ約二〇キロ離れたシドニー中心部のムーアパーク内に位置するクリケット場「シドニー・クリケット・グラウンド」(四万六〇〇〇人収容)と、それに隣接するサッカー専用競技場「アリアンツ・スタジアム(当時はシドニー・フットボール・スタジアム)」(四万五四〇〇人収容)、そしてオリンピック公園西側のパラマタ市にある「パラマタ・スタジアム」(二万四〇〇〇人収容)の三カ所である。いずれもニュー・サウス・ウェールズ州が所有・運営していた。

SAGはシドニー大会翌年の二〇〇一年、州政府に資金支援を要請するところまで追い込まれたが、拒否された。民間企業主導の五輪スタジアム建設や民間企業へのスタジアム運営の委託が必ずしも成功するとは限らない一例であろう。

五輪スタジアムは二〇〇三年ラグビー・ワールドカップ（ラグビーW杯）オーストラリア大会の会場の一つになっており、そのため州政府から改修費用の一部として八〇〇万豪ドル（五億九二〇〇万円）の資金支援を引き出して二〇〇二〜二〇〇三年に改修工事が実施された。懸案だった三万席あまりの仮設席の撤去、陸上トラックの撤去、フィールドの近くでサッカーやラグビー観戦ができるよう可動席の設置を実現した。改修工事の結果、五輪スタジアムの観客席は計画通りに八万三〇〇〇席に減り、本拠地としてプレーするラグビークラブが次々に現れるようになった。

二〇〇〇年代後半に経営危機脱出

SAGが最終的に経営危機を脱したのは二〇〇〇年代後半。ANZ（オーストラリア・ニュージーランド銀行）の子会社となり、二〇〇八年にANZに対して同国史上最高額となる七年総額三一五〇万豪ドル（二三億三一〇〇万円）で命名権を販売する救済策が取られてからのことである。[*21]

近年では「五輪スタジアムは毎年かなりの額の黒字を出している」と、二〇一六年にSAGから運営権を引き継いだベニューズライブ（現ベニューズNSW）が回答してくれた。

さて、運営会社は当初経営難に見舞われていたものの、スタジアムとしての集客力は低くない。ベニューズライブによると、一九九九年の開業から二〇一六年末までの一八年間の有料入場者数は延べ二三五〇万人。毎年平均で四五を超すイベントを開催し、一〇〇万人以上を集客する活気を維持しているという。特にここ一〇年以上は集客が好調で、二〇一七年はラグビーの試合やコンサートなど五三イベントが予定され、一六〇万人の集客が見込まれていた。五輪スタジアムを本拠地として活動するスポーツチームも、プロラグビーのクラブを中心にラグビー豪代表ワラビーズやサッカー豪代表を含む計八チームにのぼっていた。

イベント時は運賃が無料に

私がフィールド調査で現地を訪れたのは二〇一六年一一～一二月。南半球のオーストラリアでは夏の盛りだった。

シドニー中心部から一〇分おきに出発する電車に乗れば、途中乗り替えは必要なものの約二〇分でオリンピック公園駅に着く。西側へ向かって歩いていくと、列柱のモニュメントが無数に立ち並ぶ広場に出た。列柱には二〇〇〇年シドニー五輪に参加したボランティア全員の名前が刻まれている。その広場の向こうに、ANZスタジアムと看板を掲げた五輪スタジアムがそびえていた。

運営会社の好意で内部を見学させてもらった。すり鉢状に広がる八万三〇〇〇の客席は三層式で、青色を基調とした座席が緩やかな傾斜で広がっている。フィールドは一面緑の芝生に覆われていたが、フィールド両側のスタンドは円弧を描いていて、陸上トラックがそこにあったことをうかがわせた。座席を覆う大きな波型の屋根は、オーストラリア特産の帽子をかたどっているという。

プレミアムエリアは、建設時からある大人数収容の企業向けスイートルームのほかに、新たに建設された八～一六室にフレキシブルに区分けできるボックスタイプのスイートルームと、一年単位で契約する一三〇〇席の革張りプレミアムシートの計三種類。五輪スタジアムは通常、陸上競技場をベースに建設されるため、スイートルームやプレミアムシートのような驕奢《きょうしゃ》な設備は最小限にとどめられる。ANZスタジアムのように大会後に維持・運営費を稼ぎ出す目的で後付けで増設されるケースが多い。

イベント開催時のお金の流れはこうなっている。飲食物の売店はすべてスタジアム運営会社の収入になる。一方、駐車場代は全額、州政府が運営するオリンピック公園会社へ。[*22]チケット料金は一定割合をスタジアム運営会社が受け取り、テナントとなるクラブやイベントプロモーター側が残りを得る仕組みだが、集客の多いイベントではクラブやイベントプロモーター側の取り分が大きくなる。ラグビーチームなどのグッズ販売収入は全額クラブ側へ。また、運営会社はほぼ毎日のようにスタジアムツアーを催行していた。[*23]

オリンピック公園の利用者のことを考えた便利なサービスもある。五輪スタジアムを含むオリンピック公園内で開催されるすべてのイベントのチケット料金には市内～オリンピック公園駅間の運賃が含まれていて、事実上無料で公共交通機関を利用できるのだ。イベント主催者とオリンピック公園側で折半して負担しているという。このサービスはオリンピック公園にとどまらず、同州内の大型スタジアム・アリーナでも同様に提供されている。

後れを取るスタジアムの近代化

経営危機を脱したとはいえ、五輪スタジアムを取り巻く状況は実は何も変わっていない。競合するスタジアムが相変わらず近くに存在しているためだ。

競合スタジアムであるシドニー・クリケット・グラウンド（SCG）と隣接するアリアンツ・スタジアムを運営する州政府傘下のシドニー・クリケット・アンド・スポーツ・グラウンド・トラスト（SCGT）を訪ねた。ゼネラルマネジャーのフィリップ・ヘッヅが応対してくれた。

一七〇年以上の歴史を持つSCGは文字通りのクリケット場で、フィールド自体が丸みの強い楕円形をしている。観客席の最上部にはシンボルの時計台。市中心部の好立地を生かして、クリケットの試合以外にもラグビーやサッカーの試合が頻繁に行われる。

一方のアリアンツ・スタジアムもラグビーやサッカー向けの球技専用競技場で、オーストラリア建国二〇〇年祭が開かれた一九八八年に開業した。東西両側の観客席が奥行きのあるなだらかな傾斜を持った二層式の構造になっていて、フィールドは長方形だがスタジアムの外観は円形をしている。アリアンツ・スタジアムを本拠地として使用しているのは六つのラグビーチームと二つのプロサッカークラブ。両スタジアム合わせて年間一〇〇近いイベントが開催され、一五〇万人以上が訪れるという。しかし、公共交通機関による交通アクセスは貧弱で、路線バスとイベント開催時に近郊駅から運行されるシャトルバスに頼っていた。

二〇一六年一二月に両スタジアムを訪れたときには、すでにアリアンツ・スタジアムの建て替えが決まっていた。[*24]

ヘッヅGMによると、競技場内のWi-Fiネットワークの敷設、飲食を提供する売店のアップグレード、バリアフリーへの対応が急務だったという。総工費は六八〇〇万豪ドル（五〇億三二〇〇万円）の予定。新スタジアムもサッカー、ラグビー向けに長方形のフィールドを備える球技専用競技場となるが、「観客とプレーする選手との距離が従来よりもぐっと近くなり、臨場感あふれる試合が楽しめる。騒音をコントロールする技術も導入される」という。

また、二〇一九年の完成を目指してLRTの新駅が近くに建設される予定で、交通アクセスが格段に改善されるとの見通しが示された。[*25]

アリアンツ・スタジアム建て替えの背景には、リーグ戦で常時三万人以上、決勝戦のグランドファイナルでは一〇万人近くを集客し、同国で最も人気と影響力のあるオーストラリアン・フットボール・リーグ[*26]が、長方形のフィールドを持つ最新鋭の球技専用競技場での試合開催を求めていることがある。ファンに最高の状態で観戦してもらい、満足度を高め、ブランド力をいっそう強化しようという狙いだ。

同リーグの意向を受けて、オーストラリアの主要各都市では先行して新スタジアムの建設やスタジアムの近代化に向けた改修工事が進んでおり、五輪スタジアムを含めたシドニーだけがその流れから取り残されていた。

豪州第三の都市ブリスベンでは、サンコープ・スタジアム（五万五〇〇〇人収容）が二〇〇三年、いち早く球技専用競技場に改修された。メルボルンでは二〇一〇年に最新鋭の球技専用競技場であるAAMIパーク（三万人収容）がオープン。パースでも同じく球技専用競技場のオプタス・スタジアム（六万人収容）が二〇一八年に完成した。ほかにもゴールドコーストのシーバス・スーパー・スタジアム（二万七〇〇〇人収容）などがある。

五輪スタジアムの競争相手はなにも国内だけではない。隣国に目を移すと、ニュージーランドのオークランドでは、二〇一一年ラグビーW杯開催に向けてイーデン・パーク（五万人収容）を改修した。シンガポールでもワールドクラスのスポーツ・エンターテインメント複合施設のシンガポール・スポーツ・ハブ（五万五〇〇〇人収容）が二〇一四年にオープンした。時代遅れのスタジアムでは、スポーツやコンサートなどのイベント誘致で後れを取ってしまうのだ。

このことは、シドニー五輪スタジアムの経営環境がすでに足元から揺らぎ始めていることを意味していた。

八万人収容は諸刃《もろは》の剣

SCGTのヘッヅGMに、ライバルである五輪スタジアムの長所と短所を聞いてみた。

彼は、「五輪スタジアムの強みは（八万三〇〇〇席という）収容能力の大きさだ」と即答した。オーストラリア国内には、メルボルンのクリケット場[*27]を除けば、シドニー五輪スタジアムよりも収容人数の多いスタジアムは存在しないからである。

「しかし、同時にそれは弱みでもある」とも。

五輪スタジアムを本拠地として利用する核テナントは当時、ラグビー豪代表を含め計八チームあった。しかし、「観客席がよく埋まったとしてもせいぜい五万人。何万席もの空席が目立ち、観客は興ざめしてしまう。スタジアムがほぼ満員となるイベントは年に一度あるかないかだ」と言葉を継いだ。オーストラリアでは、国内のサッカーリーグで通常二万人前後、ラグビーユニオンで二万二〇〇〇〜四〇〇〇人の集客にとどまるという。

彼はさらに言葉を継いだ。「五輪スタジアムは特別な歴史を持つスタジアムだが、(元は陸上競技場だったため)観客席とフィールド上の選手たちとの距離が離れ過ぎていて球技観戦には適さない。また、(立地も悪く)シドニーの人口密集地である東側から遠いのもデメリットだ」

本書でとりあげた他の五輪スタジアムと同様、シドニー五輪スタジアムでも、数少ない強みであるはずの巨大な収容人数が自らを損ねていたのだ。また、最新鋭の設備を有する球技専用競技場への移行を急ぐ競合スタジアムの動向から取り残される格好になっており、放っておけばじり貧状態に陥ることは必至だった。さらにいえば、五輪スタジアムを所有・運営する民間企業は経営危機から脱したとはいえ、競合するスタジアムに対抗して大規模改修を行う財政余力がないことは火を見るよりも明らかだった。

州政府による所有権買い戻し

二〇一六年七月、ニュー・サウス・ウェールズ州政府が動いた。五輪スタジアムの所有・運営権をSAGから買い戻したのである。もともとの契約では所有権の返還は二〇三一年一月に予定されていた。それを一五年間も前倒しする思い切った手に出たのである。買い戻しに要した費用は一億五〇〇〇万豪ドル(一一一億円)。所有権の移転に伴い、運営会社もSAGからベニューーズライブへと変更された。この結果、シドニー近郊の大型スタジアムはすべて同州の所有となったのである。

地元紙は、五輪スタジアムで近い将来、大改修が行われると報じていた。一方、取り壊して建て替える案も検討されているとの報道もあった。さらに州政府は、五輪スタジアムを擁するオリンピック公園に新たな鉄道路線を敷設する方針を合わせて打ち出していた。

2016年に民間企業からニュー・サウス・ウェールズ州政府へ所有権が返還されたＡＮＺスタジアム（五輪スタジアム）＝2016年11月撮影

一連のプロジェクトを主導したのは、同州スポーツ相兼貿易・観光相（当時）のスチュアート・エアーズ。三〇代の若き政治家である。

いったいシドニーで何が起きているのか？　五輪スタジアムはどのように姿を変えるのか？　老朽化しているわけでもない五輪スタジアムの改修にあえて踏み切る狙いは何か？　なぜ新たに、オリンピック公園に鉄道路線を新設する必要があるのか？

二〇一六年一一〜一二月の現地調査時に、エアーズ州スポーツ相兼貿易・観光相に直接、疑問をぶつけてみた。

球技専用競技場に改修へ

エアーズ州スポーツ相兼貿易・観光相は、シドニー中心部の高層ビル内に入居するスポーツ省のオフィスに私を招き入れてくれた。若くて頭が切れ、精かんな顔つきをした野心家という印象で、笑みを絶やさずに一つ一つ私の疑問に丁寧に答えてくれた。以下は主な質疑応答である。

——まずは単刀直入にうかがいます。なぜ今、五輪スタジアムの改修が必要なのですか?

「スポーツの消費者は、ほかの商品やサービスの消費者と基本的に変わらない。好きなチームに情熱を傾けると同様に、ユニークな体験も求めている。だから、観客を招き入れるスタジアムを近代的でワクワクするものにしなければ、彼ら彼女らは離れて行ってしまう。シドニーの五輪スタジアムは巨大なおわん型で、陸上競技の観戦には向いているが、ラグビーやサッカーを観戦するには観客とフィールドとの距離が離れ過ぎている。古いタイプのスタジアムデザインとしては最高のものだったと考えるが、現代のスタジアムは座席がもっと急傾斜で、フィールドで繰り広げられるアクションと観客とがもっと近接している。

それでこそスタジアムを包む雰囲気が生まれ、臨場感が増す。改修を行うのはそのためだ。また、スタジアムの近代化には維持費を削減できる直接的なメリットもある」

――具体的にどのような改修計画を持っていますか？

「長方形のフィールドを持つ球技専用競技場にする。（最も人気の高いラグビーの）オーストラリアン・フットボール・リーグの試合にも適したフレキシブルなフィールドに仕上げる予定だ。また、可動式の屋根の導入も検討中で、現在、デザインを練っている。改修費用は、試算によると七億五〇〇〇万豪ドル（五五五億円）。将来あり得るかもしれないFIFAワールドカップの招致も見据えている」

――五輪スタジアムの所有権を買い戻した狙いは何ですか？

「現行の契約では五輪スタジアムは二〇三一年に州政府に返還されることになっていた。しかし、契約満了まであと一〇年程度に迫ると、オーナー側にもう投資のインセンティブが働かなくなる。いずれ納税者に返還されることが決まっている競技場なのだから、我々がリスクを取り、（スタジアムの改修）投資を行うということだ。（黒字経営の）五輪スタジアムからキャッシュフローを得ることもでき、州が保有するほかの大型スタジアムとの連携も可能になる」

「今、五輪スタジアムを買い戻せば、将来の返還コストを今のうちに確定させることができる。州政府の今後一五年間のキャッシュフローも考え合わせ、現時点で買い戻すことが最善だと判断した。買い戻しの金額は一億五〇〇〇万豪ドルだ」

「実は、ＳＡＧから三年前にも買い戻しの提案があった。しかし、当時の州政府は決断しなかった。三年前と決定的に違う点は、政権が変わり、（私という）新しい大臣が誕生したことと（笑）、近郊の（州政府が保有する）大型スタジアムと連携させる『ネットワーク・コンセプト』という考え方を導入したことだ。スタジアム間のネットワークを構築し、他都市に対して競争優位に立とうという戦略だ」

――シドニー中心部のアリアンツ・スタジアムも建て替えをすると聞いています。ネットワーク・コンセプトの一環ですね。プロジェクトの概要を教えてください。

「州内にある古いタイプの六カ所の大型スポーツ施設に照準を当てている。第一に、パラマタ市にある老朽化したパラマタ・スタジアムを、長方形のフィールドを持つ三万人収容の球技専用競技場に建て替える。パラマタ・スタジアムは周辺地域で最も古いスタジアム。

現在、取り壊し工事中で、新スタジアム建設に向けて建設会社と契約を交わす最終段階にある。[*28] 第二に、アリアンツ・スタジアムの改築。現在、スタジアムのコンセプトを練っているところだ。第三に、五輪スタジアムの全面改修。そのほかに、SCGのスタンド席の更新、五輪スタジアムに隣接するテニス用の屋内競技場の改修などがある。二〇三〇年までに総額一六億豪ドル（一一八四億円）を投資する。核テナントとなるスポーツチームや開催イベントのニーズに対応できるように、最新鋭の設備を有する収容人数の異なる競技場を整備する。資金は公共資産の売却と民間へのリースによって賄う予定で、税金は投入しない。あくまで既存の収入源と公共資産の活用で成し遂げたい」

——新しい鉄道路線は、このネットワーク・コンセプトとも連動していますか？

「州政府はすでに二つの交通インフラ整備事業の推進を発表した。一つはパラマタ市内の主要な商業地と保健医療地区、オリンピック公園、ストラスフィールド駅を一直線に結ぶLRT路線の新設で、完成すれば一時間あたり数千人の輸送力を備える。二つ目は、パラマタ・スタジアムとオリンピック公園を結び、さらにシドニー中心部へと延びるメトロ路線の新設。この路線新設はごく最近（二〇一六年一一月）発表したもので、完成すれば一時間あたり四万四〇〇〇人の輸送能力を持つことになる」
「一連のプロジェクトは、シドニー五輪のレガシーを発展させる改訂版の『マスタープラン2030』に基づく計画だ」

オリンピック公園を人口密集地に

――「マスタープラン2030」とは何ですか？

「二〇三〇年のオリンピック公園のあるべき姿として、二〇一〇年に策定された計画のこと。オリンピック公園を文化・スポーツの拠点だけでなく、商業、住宅、教育の重要な中心地にするというコンセプトを打ち出している。二〇〇〇年シドニー五輪のスポーツ施設は一度きりのインフラとして整備されたわけではない。シドニーの発展と人口増加のニーズを満たすために計画的に建設されたもの。具体的にはオリンピック公園を、競技場が集積する『スタジアム地区』、商業・教育・エンターテインメントの中心エリアとなる『セントラル地区』、公園の景観を損なわないように配慮した『パークビュー地区』などに区分して、目的に応じた開発を進める」

「これまでシドニーは、中心部のビジネスエリアから国際空港のある東側に向けて発展してきた。今後は、人口密集地が西側へと伸びることが予想されており、オリンピック公園からパラマタ市にかけてのシドニー西部に一五〇万人が、南北地域に一二〇万人が居住すると予想されている」

「今後ますますオリンピック公園の発展のスピードが加速すると予想され、このほど『マスタープラン2030』を改訂した。従来の計画では、開発地域は一五〇ヘクタールと見込まれ、六〇〇〇戸の住宅供給、一万四〇〇〇人の居住者、三万三〇〇〇平方メートルの小売り・サービス店舗エリアのほか、毎日三万一五〇〇人の労働者が働き、五〇〇〇人の学生が学ぶ場所となることを目標に定めていた。二〇一六年の改訂版では、開発地域は一九六ヘクタールに広がり、住宅供給は一万七〇〇〇戸に、居住者は二万三五〇〇人、小売り・サービス店舗は一〇万平方メートルに拡大した。また、公園内で働く労働者は毎日三万四〇〇〇人、学生は五〇〇〇人――と目標値を上方修正した」

ライバルは海外

――スタジアム開発にあたって、シドニーがライバル視している都市を教えてください。

「国内ではメルボルン、パースなどの都市がスタジアムの再開発を進めているが、競争相手は国内にとどまらない。シンガポール、東京、上海《シャンハイ》、北京《ペキン》、ソウル、香港《ホンコン》を強く意識している。大切なことは（スタジアム開発によって）観光収入を増大させること。その意味で、国内都市間の競争に勝ち抜くだけでなく、国際競争力も高めなければならない」

――シドニー五輪のレガシーをどう評価しますか。

「シドニーは五輪レガシーを活用することに大成功を収めていると自負している。オリンピック公園の運営は五輪大会後の施設の有効利用という面で世界基準となっている。アトランタやアテネで起きていることとは正反対だ。選手村の開発も、社会的にも環境面でも大成功を収めただけでなく、商業的にも大きな利益を生み出した。五輪競技施設を核にした都市の再開発という理念は、二〇一二年ロンドン五輪にも受け継がれた」

――最後に、五輪スタジアムの運営会社の変更について教えてください。

「所有権の買い戻しに伴い、SAGから経営陣を除く全スタッフをそのまま譲り受けた。五輪スタジアムの運営を熟知している人たちを活用しない手はない。ただ、これまでの社名をそのまま用いるわけにはいかないので、SAGからベニューズライブへと変更をしたまでで、実態はほとんど変わらない」

レガシー再生の挑戦は続く

「シドニーの五輪レガシーは非常にパワフルだ。五輪開催計画の初期段階から、レガシーの活用に焦点を当ててきたからだ」

シドニー五輪のインフラ整備を推進したOCAのリッチモンド元事務局長は胸を張って語っていた。

エアーズ州スポーツ相兼貿易・観光相も、「五輪から一五年以上が経過したが、我々は依然、オリンピック公園の進化のステージ上にいる。この間、民間投資だけで三〇億豪ドル（二二二〇億円）が実行され、発展し続けている。二〇一五年度にはオリンピック公園内で延べ五六〇〇の大小イベントが開かれ、計一四〇〇万人が訪れた」と、五輪レガシーを再生し続けることの重要性を強調した。次なる一手が州政府による五輪スタジアムの買い戻しと、球技専用競技場への改修である。

このまま旧オーナーであるSAGに経営を任せていても積極的な設備投資は望めず、みすみす五輪スタジアムの価値を棄損するだけであったろう。SAGは二〇一八年にパースに完成した世界最先端の新スタジアムの運営を受託する契約を早くから結んでおり、五輪スタジアムへの関心を失っていたと容易に想像がつくからである。

二〇一五年、ANZスタジアムとオリンピック公園を訪れたIOCのトーマス・バッハ会長は次のような賛辞を贈っている。

「このような素晴らしい五輪レガシーが大会後もこの地に息づいていることに対し、お祝いの言葉をささげたい。シドニーはオリンピック公園のことを誇らしく思うべきであり、シドニー五輪は今日でも五輪開催都市のお手本になっている」

註

＊17：二〇〇〇年シドニー五輪に出場した選手・関係者一万五三〇〇人が滞在した選手村は、オリンピック公園から東に二キロ離れたニューイントン地区に建設された。住宅は太陽光パネルと家庭排水浄化設備を完備。さらに大会後の民間住宅への転用・売却、その後の住宅地域の拡大をにらんで、選手村の建設予定地は敷地全体の三〇％に抑え、学校やショッピングセンター、オフィスビルに加え、将来の住宅建設が可能な用地を十分に残した。最終的にニューイントン地区として二〇一〇年までに九〇〇室のタウンハウス（長屋タイプの集合住宅）、七〇〇室のコンドミニアム、三〇〇戸の戸建て住宅が売却された。一連の開発は大会組織委員会傘下のオリンピック調整局（ＯＣＡ）と民間企業連合による共同事業として行われ、総工費は五億九〇〇〇万豪ドル（四三六億六〇〇〇万円）。うち四七％を公的機関が、残り五三％を民間デベロッパーが負担した。

＊18：ラグビーリーグは、日本でなじみの深い一五人制ラグビー（ラグビーユニオン）と違い、一三人少ない一三人で競う。選手のけがを減らす目的でラック、モール、ラインアウトといった密集戦を生むルールを極力排除するなどルールも異なる。

＊19：シドニーの五輪スタジアムは二〇〇二年に通信会社テルストラに命名権を売却しテルストラ・スタジアムとなり、さらに二〇〇八年に今度はＡＮＺ（オーストラリア・ニュージーランド銀行）に命名権を売却し、ＡＮＺスタジアムと命名された。二〇一七年まではシドニーが命名権を売却した唯一の五輪スタジアムだったが、二〇一八年一月にロサンゼルス・メモリアル・コロシアムが米

ユナイテッド航空に命名権を売却し、追随した。

＊20：現在の五輪スタジアム運営会社によると、年間パスの保有者は二〇一六年一一月現在で一万八四〇〇人にのぼり、料金は一九九〇豪ドル（一四万七二六〇円）。年間パスの保有者はゴールドメンバーと呼ばれ、先に販売された三一年間有効のメンバーシップを保有するプラチナメンバー一二〇〇人と区別されている。

＊21：シドニー五輪スタジアムとANZとの命名権契約はその後、二〇一四年に三年間延長された。

＊22：二〇一九年現在の駐車場料金は通常時が乗用車一台毎時五豪ドル（三七〇円）、ビッグイベント開催時は一律二五豪ドル（一八五〇円）となっている。

＊23：二〇一九年一〇月末現在、スタジアムツアーの料金は大人二八・五豪ドル（二一〇九円）。

＊24：アリアンツ・スタジアムは二〇一八年に閉鎖され、建て替え工事が行われており、二〇二二年に新スタジアムとして完成予定。

＊25：アリアンツ・スタジアムなどと市中心部を結ぶLRTの新路線は当初二〇一九年三月に開業予定だったが、建設工事が遅れており、完成は二〇二〇年五月ごろの見通し。

＊26：オーストラリア独自のルールで行われる一八人制のフルコンタクトのラグビー。

＊27：一九五六年メルボルン夏季五輪大会で開閉会式と陸上種目が行われた競技場で、収容人数は一〇万人超。

＊28：現ウェスタン・シドニー・スタジアム。二〇一九年四月に開業した。

（九）そして「廃墟」だけが残った
――アテネ・オリンピック・スタジアム（二〇〇四年アテネ）

五輪競技施設、売ります

〝五輪資産を買ってください〟

経済危機に見舞われたギリシャで、公共資産の売却を進める政府傘下の国営ファンド「エレニック・リパブリック・アセット・デベロップメント・ファンド（HRADF）」が、二〇〇四年アテネ夏季五輪大会の競技施設を売りに出している。

一カ所目は、アテネ五輪で馬術種目が行われたオリンピック・マルコポーロ馬術センター。アテネ中心部から南東部へ四三キロ離れた場所にある。HRADFはホームページでこうPRする。「馬術センターは広さ一〇三ヘクタールで、区画はフェンスで覆われています。メインゲート近くには屋外駐車場と管理棟があり、物件には馬術競技場、ヘリポート、人工池などが含まれます」

二カ所目は、ボートとカヌー種目が行われたスキニアス・オリンピック・ボート&カヌーセンター。こちらはアテネから北東部へ四〇キロ以上離れた町マラトン近くの海沿いに立地する。ちなみにマラトンは、陸上競技マラソンの名前の由来となった町である。同じくHRADFのホームページでは、「このボート&カヌーセンターはスキニアスビーチから五〇〇メートルの好立地にあり、夏の期間は大勢の観光客でにぎわいます。近くには住宅地も広がります。全体の敷地二〇〇ヘクタールのうち七五ヘクタールは水面で、八〇〇〇平方メートルあるカヌー競技場もそのまま利用できます。屋外駐車場とヘリポートを完備。スポーツやレクリエーション施設としての利用に最適です」と紹介する。

厳密にいえば、いずれの五輪競技施設も土地の売却は伴わず、定期借地権での販売なのだが、いずれにせよ二〇一四年に国有資産の売却が本格化して以来、ずっと売れ残っている〝不良資産〟である。

実は、売りに出された五輪資産はこの二カ所だけではない。

中でも最大のものは、アテネ市南部のビーチ沿いに広がるエリニコンと呼ばれる六二〇ヘクタールの広大な土地である。二〇〇一年まで実に六〇年間にわたってエリニコン国際空港として利用されてきた場所だ。国際空港は同年移転したため廃止され、その跡地にアテネ五輪の競技施設を集積したエリニック・スポーツ・コンプレックスが建設された。野球場、ソフトボール場のほか、フェンシングやバスケットボールが行われた二カ所の屋内競技場、ホッケー競技場、カヌー・カヤック競技場などが広い土地に点在する。この野球場こそ、侍ジャパンを率いた中畑清監督が銅メダル獲得の瞬間、歓喜の胴上げに舞い、黒田博樹、松坂大輔、上原浩治、岩隈久志ら後にメジャーリーグでも活躍するスター選手たちが力を合わせて戦った舞台である。

エリニコン地区はアテネ中心部に近い立地が幸いして、再開発プロジェクトにはすぐにアメリカ、イギリス、スペイン、カタールなど七カ国の企業九社が名乗りを上げた。その中にはトランプ米大統領の会社も含まれている。

二〇一四年に競争入札の結果、中国やアラブ首長国連邦の資本と組むギリシャの大手デベロッパー「ラムダ開発」が買い手と決まった。購入価格は九億一五〇〇万ユーロ（二〇九八億円）。ラムダ開発はエリニコン地区の再開発のために計八〇億ユーロ（九六〇〇億円）の投資を約束していた。

売買契約にはいくつかの条件が課されていた。①スポーツ施設を核にした広さ二〇〇ヘクタールの都市公園の建設とその維持、②六〇ヘクタールの緑地エリアの創出、③延べ五〇キロに及ぶ歩道やサイクリングロードの整備、④市民が無料でアクセスできる長さ一キロ以上の新しいビーチの開発――などである。

開発計画では、これら公共施設のほかに、水族館を核にしたベイエリアの開発、三〇〇隻以上のヨットを係留できるヨットハーバーの建設、巨大なショッピングモールやオフィスビルを集積したエリアの開発、リゾートホテルや高級マンションの建設、見本市会場や美術館の建設などを計画的に行う、としている。中でも都市公園、市民のためのビーチ、水族館、見本市会場、ヨットハーバーなどの集客施設は、最初の五年以内に完成させる約束が交わされた。

この再開発プロジェクトでは、七万人の新規雇用を生み出し、ギリシャのGDP成長率を二％押し上げるバラ色の未来をうたっている。プロジェクトが完成すれば、一帯は世界中から新たに年間一〇〇〇万人の観光客を集めるヨーロッパ有数のリゾート地に生まれ変わるという。

難民キャンプになったエリニコン地区

再開発予定地であるエリニコン地区を訪れたのは二〇一七年五月。事業主体のラムダ開発が売買契約を結んで三年以上が経過していた。

ところが、現地では工事車両も関係者の姿も見当たらない。通りを行き交う人影さえまばらで、さびれた工業団地の趣を呈していた。再開発予定地は鉄条網で取り囲まれ、出入りが厳しく制限されていた。

それもそのはず。ギリシャ特有の腐敗し、延々と続く行政プロセスが再開発に待ったをかけていたからである。[*29]

二〇一四年以降の三年間で、アテネを取り巻く社会状況は一変していた。経済危機のダメージは大きく、ＥＵと国際通貨基金（ＩＭＦ）の管理下で緊縮財政が続いた。さらに二〇一五年には、中東やアフリカ地域から地中海やヨーロッパ南東部を経由してＥＵへなだれ込む難民が急増。その数は一〇〇万人を超えた。ＥＵ加盟国であり地中海に面するギリシャは、トルコ経由でドイツなどへ向かう難民たちの中継地点であり、難民受け入れの最前線基地の一つとなった。

あふれかえる難民たちを一時保護する目的で、再開発工事が始まらないエリニコン地区の五輪競技施設は難民キャンプとして利用されることになったのである。五輪競技施設が集積するエリニック・スポーツ・コンプレックスといっても緊縮財政下でまともな維持・管理がされてきたわけではなく、維持費が捻出できないために五輪閉幕直後からそのまま放置されてきた施設である。

五輪の宴《うたげ》から一〇年以上が経過し、その間、風雨にさらされて建物は傷みが目立ち、敷地の至るところには雑草が生い茂る。そのような野球場、ソフトボール場のフィールドに白いテントが無数に張られ、戦火を逃れてきたシリア人やアフガニスタン人が暮らしたのである。

現地紙は、劣悪な環境に難民たちがついには怒り、多くが逃げ出したと報じていた。エリニコン地区を囲む鉄条網は、収容した難民たちが逃げ出さないように閉じ込めるためのものであり、市民の自由な出入りを阻み実態から目を背けさせるものでもあった。

「立ち入り禁止だ」

エリニコン地区を訪れた私は内部へ通じる道路のフェンスがたまたま通り抜けられるのを見つけ、そこから中へと入った。入り口近くには、ここに二〇〇四年アテネ五輪のために野球場、ソフトボール場、ホッケー場などが築かれたことを示す五輪マーク入りの当時の立て看板が残されていた。

道なりに歩いて行くとまず屋内競技場が見えた。出入り口はすべて閉まっていた。その扉の上に「スペシャル・オリンピックス２０１１」の看板を見つけた。知的障害がある人たちのスポーツの祭典であるスペシャル・オリンピックスが二〇一一年にアテネで開催された際、この屋内競技場は会場として利用されたのだろう。さらに進むと、遠くにソフトボール場らしき照明塔が見えてきた。

ところが、そこに二人組の警察官がパトカーに乗って登場。「何をしているんだ」と詰問を受けた。

「このエリアは政府の法律により、立ち入りが禁止されている。即刻退去しなさい」

そのままパトカーに乗せられ、外へ追い出された。

仕方がなく、広大な土地の外側を鉄条網に沿って歩いてみた。一キロほど先に、エリニコン地区の内部へと通じる歩道橋が設置されているのが見えた。しかし、ここも橋の途中にフェンスが築かれ、さらにその上部には鉄条網が張りめぐらされ、侵入を阻んでいた。ただ歩道橋の上からは、野球場やソフトボール場が五輪当時のままに残っているのが遠目に見えた。

歩道橋近くで難民らしき親子が野宿しているのを見かけた。劣悪な環境にあった五輪競技施設内の難民キャンプから逃げ出した難民たちだったのだろうか。

放置されたオリンピック公園

アテネの五輪スタジアムは、実はこのエリニコン地区にはない。ギリシャ出身の水運び人で、近代五輪最初の（一八九六年アテネ大会）マラソン優勝者であるスピロス・ルイスの名前を冠した、アテネ市北東部のオリンピック・アスレチックス・センターに立地する。

エリニコン地区からは約二〇キロ弱離れている。

ここにはほかに、競泳やシンクロ（現在はアーティスティック・スイミング）種目が行われたアクアティック・センター、バスケットボールや体操種目が行われた屋内競技場、自転車競技場なども建つ。近くにはメトロの駅があり、交通アクセスには恵まれている。しかし、ギリシャ経済危機の影響はこのオリンピック・センターにも色濃く残っていた。

メトロの駅からオリンピック・センターに向かうと、まず出迎えてくれるのが五〇万人を収容可能な「フォーラム」と呼ばれる巨大な半円形の広場。古代ギリシャの円形劇場をモデルに造られたといわれ、一〇〇本のスチール製アーチによる巨大なトンネルが円周に沿って延びる。広場の内側には本来、人工湖が満々と水をたたえ、幾十もの噴水が水の芸術を楽しませてくれるはずなのだが、今や人工湖は涸《か》れ果て、噴水も無残な姿をさらしたままだ。広場はだだっ広い空き地以外の何物でもなかった。スチール製アーチの対面には、スペイン出身の著名な建築家サンティアゴ・カラトラバの設計で、高さ二〇メートル、幅二五〇メートルの波状に動く巨大スクリーン「国々の壁」がそびえていた。人影はまばらで、エリニコン地区の五輪施設と同様、ここも維持費を捻出できないためにギリシャ政府が打ち捨てた施設なのだ。

一万八五〇〇の客席を持つ屋内競技場は扉という扉にすべて鍵がかけられ、窓は内側から日よけ用のビニールが張られたまま長年放置されている。周囲は高いフェンスで囲われ、人の出入りを厳しく阻む。五〇〇〇席の客席を持つ自転車競技場も同様の状態で、めくれ上がったビニール越しに内部をのぞくと、競輪のバンクが見えた。

これらの施設は風雨にさらされて傷みが目立ち始めている。新聞などの報道で廃墟として紹介され、ご存知の方が多いかもしれない。

例外は五輪スタジアム

しかし意外だったのは、アクアティック・センターに大勢の子供たちの歓声がこだましていたことだ。五〇メートルの競泳用プール、飛び込み台が設置されたプールの両方で、何十人もの子供たちが泳ぎを学んでいた。隣接する屋外プールでも同様だった。オリンピック・センターを訪れたのはいずれも夕方の四時過ぎ。学校を終え、水泳を学びに来た子供たちだったのだろう。

またアクアティック・センターの中には、突起の付いた人工壁をロープなしによじ登るボルダリングの施設や、ボクシング・エクササイズを楽しめるスペースなども設けられ、大人や子供が汗を流していた。民間のスポーツクラブが会場を借り切り、朝から晩までさまざまなスポーツ教室を提供しているという。

もう一つの例外が五輪スタジアムである。人気のサッカー・スーパーリーグ所属の強豪AEKアテネFCが五輪閉幕後の二〇〇四年以降、本拠地として利用しているからである。さらに同リーグ所属の強豪パナシナイコスFCも、途中一年間のブランクはあったが、二〇一三年まで本拠を構え、二〇一八年から再び五輪スタジアムに戻ってきた。

五輪スタジアムのホームページには、メンテナンスに必要な物資を調達するための入札情報がかつてたびたび載っており、きちんと手入れされていることもうかがえた。

アテネの五輪スタジアムは一九八二年欧州陸上競技選手権大会のために建設された。収容人数は約七万人。五輪開催を前に推計二億三二〇〇万ユーロ（二七七億円）をかけて改修され、先述した建築家カラトラバ設計の屋根をプラスし、二本の巨大なアーチが屋根を支えるキールアーチ構造になった。五輪では開閉会式と陸上種目が行われたが、その後は

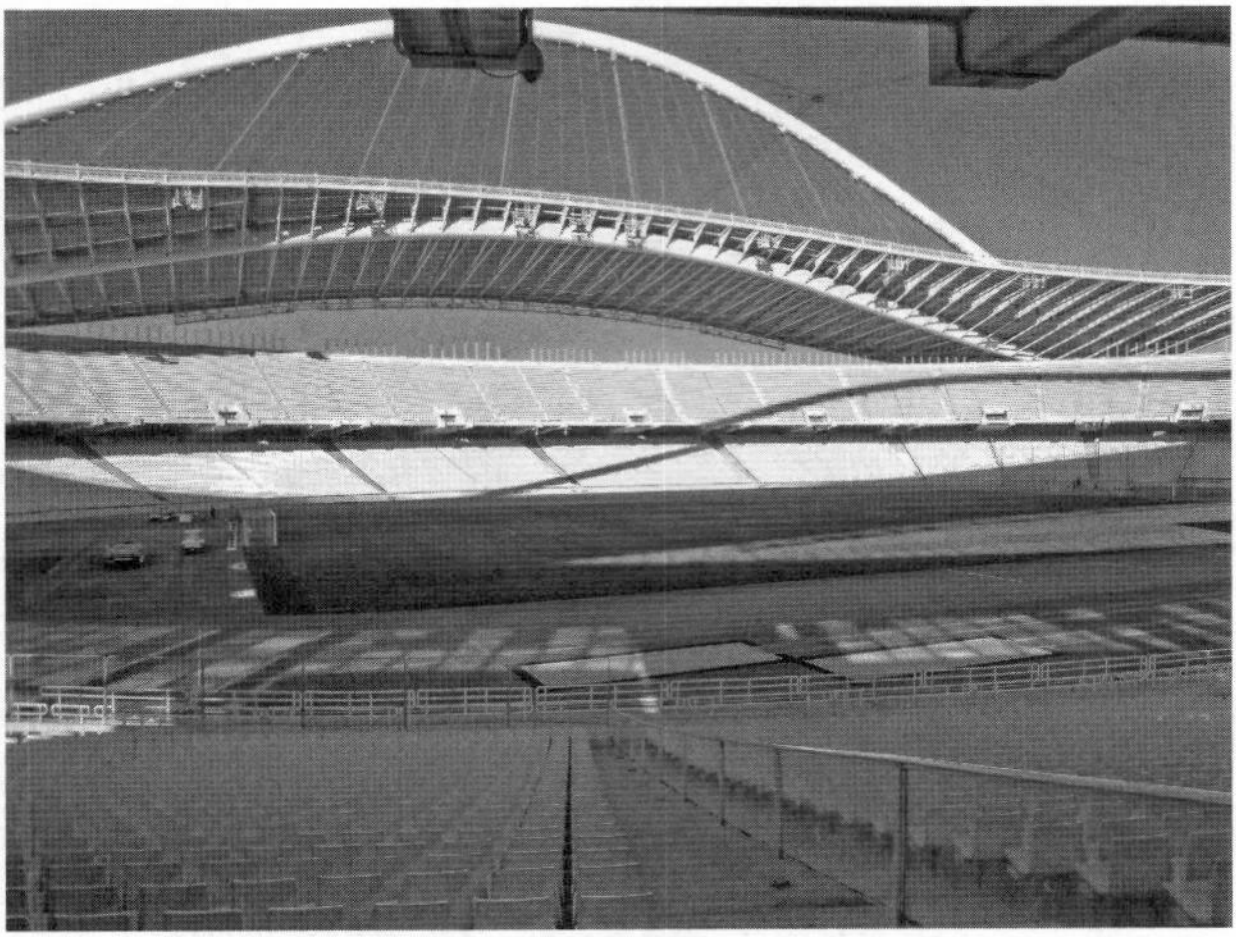

数少ない例外として2004年アテネ五輪後も利用されている五輪スタジアム＝2017年５月撮影

大きな手は何も加えられておらず、今でも陸上トラックが残る。

警備員の許しを得て中に入ることができた。陸上トラック内側の天然芝のフィールドは美しく手入れされていた。ちょうどスタジアムの職員が緑の芝生に水をまいていたところだった。アーチ状の屋根は白色、座席も基本的に白色で、抜けるような青空にとても映えていた。

近代的なサッカー競技場とは違い、五輪スタジアムの中にはスイートルームなどのホスピタリティ設備はほとんど見当たらない。また、核テナントであるＡＥＫアテネＦＣの事務所はここにはなく、グッズ売り場はもちろんポスターの類いさえ見つからなかった。五輪スタジアムを管理・運営しているのは政府傘下の公営企業。ＡＥＫアテネＦＣはサッカーの試合日だけ会場を借りているのだ。

ともあれ五輪スタジアムとアクアティック・センターという例外を除き、アテネ大会のために新設・改修された五輪施設は、莫大な維持費の支払いから逃れるために利用されることなく放置されていることは間違いない。

なぜそのような事態に陥ってしまったのか。経済危機がすべての原因なのだろうか？

後利用を考えなかった政府

アテネ大会組織委員会の関係者にも、五輪施設を維持・運営する政府傘下の公営企業にも、すべてインタビューを断られてしまった。恥部には触れてほしくないということなのだろう。

そこで二〇一七年五月、ギリシャの五輪施設の後利用に関する論文の著者であり、ギリシャ中央銀行に勤めるエコノミストのエバンジェリア・カシマティ博士を訪ねた。

ギリシャの五輪施設が閉幕直後から有効利用されないまま放置されている原因について、彼女はこうバッサリ切り捨てた。

「五輪施設を再利用するという長期的な視点が政府にまったく欠けていたことと、ものごとが遅々として進まないギリシャ特有の官僚制度が背景にあります」

ギリシャ国民は当初、二〇〇四年の五輪開催を誇りに感じていたという。五輪を機に市内にトラム（路面電車）が導入されるなど交通網が改善され、都市インフラの整備も合わせて進んだからである。しかし五輪閉幕後、競技施設を維持・管理し、責任を持って再開発や再利用計画を立案・実行するはずの公営企業が、マーケティングにまったく無関心だった。それだけでなく、政府も適切な指導・管理を怠ってきたという。この公営企業は二〇〇九年に解散させられたが、それまでまったく何も仕事をしなかったという。

「五輪後から二〇〇九年までの五年間、ギリシャ経済は好調で、国際資本や国内デベロッパーに五輪資産を売却したり、再開発を進めたりするには絶好のタイミングでした」とカシマティ博士。なぜなら二〇一〇年にはギリシャは経済危機に見舞われることになったからである。

政府は二〇〇九年、先の公営企業を解散し、五輪施設の管理主体を変えたが、あくまで小手先だけの改革で実態は何も変わらなかった。相変わらずほとんどの五輪競技施設は顧みられることなく、放置され続けたのである。

「とはいえ、仮に経済危機が起こらなかったとしても状況は何も変わらなかったでしょう。なぜなら適切な再利用計画を立てようという発想がなかったのだから」と手厳しい。

「そもそも五輪開催時のコストさえ、政府は数字をごまかし続けている」とカシマティ博士は続けた。

アテネ五輪後に大会組織委員会がまとめた公式報告書によると、五輪施設の建設費総額は一六億五五〇〇万ユーロ（一九八六億円）とされている。しかし、カシマティ博士が新聞の報道などを通じて独自に集計した結果、実際の建設費は少なくとも公表数字の一・八倍の三〇億ユーロ（三六〇〇億円）をくだらないという。もっと多額の費用がかかったと試算するほかの研究者もいる。また、政府は五輪開催に要した総費用の額を公表していないが、博士の試算では九〇億ユーロ（一兆八〇〇〇億円）にのぼる。もちろん五輪施設の維持・運営費も公表されていない。

一方で、「五輪開催が経済危機の引き金を引いたのではないか」との指摘に対しては、こう明確に否定した。

「五輪競技施設の建設費といっても全額、政府の資金が充てられたわけではありません。三分の一は民間の資金であり、大会組織委員会も一〇分の一程度を拠出しています。また、五輪閉幕後もギリシャは長らく好景気が続いており、五輪と経済危機には直接の関係はありません」

負の遺産化へカウントダウン

五輪スタジアムは例外的に五輪大会後も利用されている施設ではあるものの、その先行きにはすでに黄信号が灯っている。二〇一三年、五輪スタジアムを本拠地として利用するＡＥＫアテネＦＣが自己資金で近郊にサッカー専用競技場を新設する計画を明らかにしたためだ。ＡＥＫアテネＦＣが建設を予定するのはアギア・ソフィア。ローマ帝国の都コンスタンチノープル（現イスタンブール）にあったギリシャ正教の大聖堂にちなんだ名前を冠する。トルコ語ではアヤソフィア。そう、イスタンブールで博物館として公開されている世界遺産である。

計画では、アギア・ソフィアは五輪スタジアムから西へ四キロも離れていない国有地に建てられる。客席数は五輪スタジアムの半分以下の三万二〇〇〇～四〇〇〇〇席。長方形のフィールドぎりぎりまでスタンドが迫る近代的なサッカー専用競技場としてデザインされている。勾配の強い観客席は二層からなり、建設費は六五〇〇万ユーロ（七八億円）と見積もられている。

本拠地を移して一〇年も経たないうちになぜ、彼らは五輪スタジアムを捨てる決断をしたのだろうか。二〇一七年五月、AEKアテネFCの新スタジアム担当マネジャー、ディミトリス・アンドリオポロスが私の質問に対して書面で答えてくれた。

アンドリオポロスはまず、AEKアテネFCが五輪スタジアムを本拠地としたいきさつに触れた。

「我々は一九三〇年から七〇年以上もアテネ郊外のネア・フィラデルフィア地区のスタジアムでプレーしていた。しかしスタジアムの老朽化で取り壊さざるを得ず、（アテネ五輪直後の）二〇〇四年に五輪スタジアムに本拠地を移した。そのときは恒久的に使用することを念頭に置いていた」

しかし、ファンの反応は今一つだったという。

「五輪スタジアムは基本的に陸上競技場であり、近代的なサッカー専用競技場の特徴を欠いている。ファンの願いはかつてのネア・フィラデルフィア地区に再び新スタジアムを建設すること。ファンの意向を受けて、新スタジアム建設に動いた」

新スタジアムの建設予定地は、そのネア・フィラデルフィア地区にある。

言葉をオブラートに包んでいるが、結局のところ五輪スタジアムは売店やホスピタリティ施設が貧弱で、なおかつ陸上トラックが残るためサッカー観戦に不向きで、ファンに人気がなかったということだ。また、AEKアテネFCは五輪スタジアムにとって試合日だけ会場を借りるテナントの一つに過ぎず、ビジネス上のうまみもなかった。

また直接は触れなかったが、五輪スタジアムの七万人という収容人数はAEKアテネFCにとって過大だったことも確かだ。ピーク時には平均二万七〇〇〇人近かった一試合の観客数も近年は一万人強にとどまる。さらに二〇一三年からの二シーズンはリーグ降格の憂き目にあい、二〇一六年の観客数は一試合平均八六〇〇人に落ち込んだ。空席ばかりが目立つスタンドではファンも盛り上がるはずがない。

アギア・ソフィアには食事をしながら観戦を楽しめるスカイボックスやＶＩＰラウンジ、レストラン、バーに加え、チームの記念館も併設される予定だ。「新スタジアムは欧州サッカー連盟によるスタジアム評価で最上位の四つ星を得るようにデザインされている」と、アンドリオポロスは述べた。ギリシャもまた、サッカー専用競技場を求める世界的な渦の中に巻き込まれているのだ。

ギリシャ特有の非効率で歩みの遅い行政プロセスのおかげで、計画にはなかなかゴーサインが出なかったが、アンドリオポロスは「喜ばしいことに数カ月先の今年（二〇一七年）夏に新スタジアム建設の認可が下りる見通しだ」と明らかにした。その言葉通りに行政の認可が下り、二〇二〇年の完成を目指し、建設工事が急ピッチで進んでいる。

一方、二〇一八年に五輪スタジアムに舞い戻ってきたパナシナイコスＦＣだが、ギリシャ経済危機後、深刻な経営難にあえいでいる。五輪スタジアムに対する一〇〇万ユーロ（一億二〇〇〇万円）の未払金は二〇二〇年夏までに返済する約束だが、他にも直前まで本拠地を置いていたスタジアムにも多額の借金があり、金銭トラブルに発展している。さらにＵＥＦＡの調査では、未払金の総額は二〇一七年九月末で五六三万ユーロ（六億七五六〇万円）に達した。その結果、ＵＥＦＡから二〇万ユーロ（二四〇〇万円）の制裁金に加え、二〇二〇年シーズン終わりまでの三年間、欧州チャンピオンズリーグへの参加が禁止された。四万人収容の新スタジアム建設計画も中止を余儀なくされている。

アテネ五輪スタジアムはもう、負の遺産化に向かってカウントダウンが始まっていると言っていい。

もう一つの五輪スタジアム

実は、アテネにはもう一つの五輪スタジアムがある。近代五輪最初の大会となった一八九六年アテネ大会の主会場になったパナシナイコ・スタジアムである。

パナシナイコ・スタジアムは陸上トラックの直線部分が極端に長い、細長い馬蹄《ばてい》形をした古代ギリシャのスタジアムで、その歴史はとても古い。建設されたのは紀元前三三〇年。ローマ時代の紀元後一四四年に豪華な総大理石造りに改修された。ところが、キリスト教が流布した四世紀以降は、異教徒の祭りが嫌われ、ローマ時代に盛んだった血なまぐさい剣闘も禁じられたため、使用されないまま放置された。

再び歴史の光が当たったのが、一八九六年の第一回五輪大会。巨費を投じて改修され、白大理石がまぶしい二世紀の姿がよみがえった。第一回アテネ大会ではこのスタジアムで、開閉会式のほかに半数以上の競技が行われている。

それから一〇〇年あまり後の二〇〇四年アテネ大会でも、男女マラソンとアーチェリー種目が行われた。野口みずきがシドニー五輪の高橋尚子に続き、日本に二大会連続の女子マラソン金メダルをもたらしたゴールの舞台でもある。現在は付近にあるギリシャ遺跡と同様に有料で一般公開され、観光地となっている。

二層式の白大理石の客席は、座るとひんやり心地よい。スタジアム正面の最前列には、当時のギリシャ国王夫妻のために用意された二席のロイヤルボックスがそのまま残っていた。

陸上トラックは黒色。幅が極端に狭いフィールド上には、前後に二つの顔を持つギリシャの神々の像が対で並んでいた。スタジアムの西側には選手が入退場するゲートがあり、洞窟へと続いている。選手たちは漆黒の洞窟をくぐって戦いの場であるスタジアムへと向かうことになるが、古代の選手たちは産道に見立てられたこの洞窟をくぐり抜けることで魂の再生を願ったという。ひんやりとした空気が漂う洞窟のさらに奥には、歴代五輪大会のポスターや聖火リレーのトーチを展示する小ぢんまりとした記念館もあった。

さらに悲惨な選手村

最後にアテネ大会の選手村の話をしよう。選手村はアテネ北部の山の麓、一二四ヘクタールの土地を開発して築かれ、三六六棟二二九二室の低層アパートが建てられた。大会後は民間住宅に転用されている。総投資額は推定二億八八〇〇万ユーロ（三四五億六〇〇〇万円）。市中心部から一七キロほど離れ、メトロの終点駅からさらにバスで三〇分近く行かなければならない不便な場所にあった。

選手村入り口のコンクリート造りの旧受付センターはまさに廃墟だった。窓という窓が割られ、室内の金目のものはすべて持ち去られていた。広場に設けられた練習用プールは干上がり、五輪マークをかたどった噴水も破壊され、落書きばかりが目立った。行き交う人はほとんどいなかったが、それでも洗濯物が干してある住宅が少なからずあり、住民は今も住んでいるようだった。

カシマティ博士によると、選手村は五輪大会後、くじ引きで選出された一万世帯の低所得者に無料で貸し出された。しかし立地が悪いため、当初の住民は次々に去り、くじ引きに漏れた最貧層の人々に最低限の家賃で違法にまた貸しされているという。高級住宅地に生まれ変わったこれまでの五輪開催地の選手村とはかけ離れた運命をたどっている。

五輪競技施設だけでなくアテネの選手村もまた、負の遺産と化していた。

註

＊29：二〇一九年一一月末現在、行政プロセスは相変わらず続いている。

（一〇）商業化は頓挫し、維持費は観光客頼み
――中国国家体育場（二〇〇八年北京）

スタジアムは観光地

銀色に鈍く光る鉄骨をまるで編むように複雑に組み合わせた外観。二〇〇八年北京夏季五輪大会で開閉会式と陸上種目が開催された中国国家体育場は、その特徴ある外観から「鳥の巣」の愛称を持つ。日が沈むと一転、中心部は赤色に、屋根は黄色にライトアップされて幻想的な雰囲気を醸し出す。赤と黄色は中国国旗の色でもある。

その向かいには、直方体の建造物で、表面が石鹼《せっけん》の泡のように大きくでこぼこと盛り上がったデザインの国家水泳センターがそびえる。北京五輪で水泳種目が行われた「水立方（ウォーター・キューブ）」の愛称で知られるこの競技施設も、夜間には建物全体が幻想的な

ブルーの光に包まれる。

鳥の巣も水立方も、北京中心部に一一五九ヘクタールもの広大な面積を持つオリンピック公園内に建設され、現在でも昼夜を分かたず大勢の市民や観光客でにぎわいを見せる。北京大会を象徴するこの二つの美しい建物が相競うようにして観光客をひきつけているのだ。このオリンピック公園は今や故宮、頤和園《いわえん》、万里の長城などと並ぶ北京市観光の目玉の一つ。五輪開催時の高揚感をよみがえらせ、国家のプライドを再確認できる、中国人にとっては〝聖地〟なのだ。

鳥の巣は恐らく世界で最も認知度の高い五輪スタジアムだろう。設計者は、建築界のノーベル賞と称されるプリツカー賞を受賞したスイス人のジャック・ヘルツォークとピエール・ド・ムーロンの二人。鳥の巣は王立英国建築家協会が選ぶ欧州以外で最も優れた建築物に与えられるルベトキン賞を受賞したほか、英紙ガーディアンによって「二一世紀最初の一〇年における世界一〇大建築物」にも選出されている。

二〇二二年に開催される北京冬季五輪大会でも開閉会式の会場となることが決まっており、再び歴史の表舞台に登場する。

銀色に光る鉄骨をまるで編むように複雑に組み合わせたデザインが特徴の鳥の巣（中国国家体育場）＝2017年6月撮影

PPPで建設された鳥の巣

建設費三五億元（五二五億円）を費やした鳥の巣は、中国で初めてPPP（パブリック・プライベート・パートナーシップ）方式を採用して建設されたスタジアムである。PPPとは官と民が文字通りパートナーを組んで事業を行う手法で、民間事業者が事業の計画段階から参画するのが特徴。建設資金は両者で出し合い、完成後の設備の維持・運営は基本的に民間が担う。

鳥の巣は意外にも、民間の資金を活用して造られた五輪スタジアムなのだ。

シドニー五輪スタジアムで採られた手法と同じである。

とはいえ、中国政府がパートナーに選んだのは純然たる民間企業ではなく、国有企業「中国中信（CITIC）」を中心とする共同事業体だった。北京大会をあと五年に控えた二〇〇三年夏、九カ月間の公開入札プロセスを経て選出された。契約に基づいて、政府が資産の過半数を超す五八％を保有し、共同事業体が残りの資産と三〇年間の運営権を手にすることになった。

鳥の巣の完成時の客席数は九万一〇〇〇席だったが、その後の需要を勘案して五輪閉幕後に仮設席を撤去し、八万席に減った。

わずか一年での運営権返上

輝かしい北京五輪から一年経った二〇〇九年八月。共同事業体が突如、北京市に鳥の巣の運営権を返上することになった。契約を二九年間も大幅に前倒ししての返上である。

いったい何が起きたのか？

それは、五輪スタジアムの高額の維持管理費をカバーするために描いた青写真に、大幅な狂いが生じてしまったためだった。

鳥の巣の場合、維持費だけで年七〇〇〇万元（一〇億五〇〇〇万円）かかるといわれ、そのほかに共同事業体は年九〇〇〇万元（一三億五〇〇〇万円）を債務の利子支払いに充てる必要があった。これらの資金を捻出するために共同事業体は鳥の巣の命名権を販売する予定だったが、北京五輪の大成功を受けて風向きが大きく変わる。国のシンボルに祭り上げられた結果、命名権を売却して〝普通のスタジアム〟になることが許されなくなったのである。

また、維持費を捻出するために高額に設定された入場料金をはじめ商業主義的な運営方法さえも、政府や市民から厳しく突き上げられた。

誤算はまだ続く。

共同事業体は鳥の巣の中にホテルとショッピングモールを建設する計画も進めていた。具体的には、五階建ての鳥の巣に六階部分を増床し、そこに延べ床面積一万七〇〇〇平方メートルの高級ホテルのほか、五輪をテーマにしたレストランやスポーツ関連用品などを置くブランドショップを入居させる。さらに地下に延べ床面積三万平方メートルを超す巨大なショッピングモールを建設する計画だった。しかし、このプランも同様の理由で頓挫した。

一方でうれしい誤算もあった。一大観光スポットとなり、何百万人という国内観光客が入場料を支払って、引きも切らずに鳥の巣を訪れたのだ。当時の責任者の話として、この入場料収入だけで初年度は維持費と利子支払い額を上回ったと報道されている。

ただ、国家のイメージと直結する建築物となってしまった以上、威厳にふさわしい数万人規模の大イベントでもない限り開催することが難しくなった。当初の思惑がことごとく外れた結果、共同事業体はスタジアム開業からわずか一年で、運営権の返上に踏み切ったというわけである。

その後、地元プロサッカーチームの北京中赫国安《ちゅうかくこくあん》足球倶楽部の本拠地にしようという構想が何度も浮上したが、鳥の巣の収容人数があまりに多いことと、高い使用料が嫌われて実現しなかった。

入場料頼みの構造は続く

鳥の巣の維持管理費は、観光客が支払う入場料収入が頼りだという状況は現在もあまり変わらない。八万の大観客席を埋めるイベントの誘致には苦労しており、市政府傘下の運営会社は自ら集客イベントを積極的に仕掛ける。冬はフィールド内にぶ厚い雪を敷き詰めて雪上テーマパークを開催し、夏はレーザー光線と音楽によるショーを催したりしている。

私が鳥の巣を初めて訪れたのは二〇一七年六月。その年の四月末にレーザー光線と音楽のショーが始まったばかりだった。

鳥の巣に入場するチケットには何種類かあるが、貴賓室を観覧できるものと屋根の上に設けられた回廊を歩いて空中散歩を楽しむものがそれぞれ八〇元（一二〇〇円）だった。両方の体験ができるチケットや、隣の水立方と両方を見学できるチケットもあった。しかし、何年か前の報道とは違い、入場を待つ行列はもちろんチケットブースに並ぶ人さえ見当たらない。多くのチケットブースは昼間、シャッターを下ろしてさえいた。誰もが無料で入場できるオリンピック公園内には終始大勢の人がいたのとは対照的に、鳥の巣の周辺は閑散としていた。北京五輪から九年近くが経過し、鳥の巣を訪れる観光客の数に陰りが出ていることは明白だった。

チケットを買って中に入ってみた。鳥の巣は三層の観客席を持つ。赤か白に塗られた座席が幾何学模様のように複雑に配置され、まるで一幅の絵画を描いたように見える美しい観客席である。しかし、スタジアム内は基本的に消灯され、マクドナルドなどの売店や土産物売り場はどこも閉まったままだった。経費削減を徹底しているのだろう。また、入場できる区域が厳しく制限され、そこかしこにロープやフェンスが張られて多くの通路や階段が使用できない状態になっていた。

スタジアムのところどころの塗装ははげ、鉄骨が錆びてきているのも目にした。メンテナンスが十分に行き届いているとは言えないようだった。

次の日には、毎夜開催されているというレーザー光線と音楽のショーを見た。料金は一〇〇元（一五〇〇円）。中国語の歌唱やオペラの楽曲などに合わせて、フィールド上に世界中の都市やさまざまな模様、スポーツ競技などがレーザー光線で描き出されるという演出。五輪マークも何度も描かれた。そのショーを入場者は観客席中央で座って眺める。

しかし、ショーがお披露目されてからまだ一カ月あまり、しかも金曜日の晩だというのに、この日の観覧者はどう多く見積もっても一〇〇〇人に遠く及ばなかった。

中国共産党傘下の「チャイナ・デイリー（中国日報）」によると、鳥の巣は北京五輪から七年あまりが経過した二〇一五年末に累計二六〇〇万人の入場者数を突破。平均収入が年二億元（三〇億円）に達し、運営会社は黒字を計上しているという。それから一年半あまりが経過した二〇一七年一〇月には累計三〇〇〇万人以上の入場者が訪れたと報じられた。二年弱で四〇〇万人、単純計算で一日平均約六〇〇〇人が訪れたことになるが、その数字はにわかには信じがたい。

ある中国系の研究者の調査によると、二〇一一年以降は政府側の銀行への利子支払いも始まったため、年間支出は従来の二倍弱にあたる三億元（四五億円）に増え、二〇一一年は一億二〇〇〇万元（一八億円）の赤字に陥ったとの試算もある。現在では状況はさらに悪化していると考えて当然だろう。

スポーツと文化の融合拠点に？

威容を誇る鳥の巣の傍らで、大規模な建設工事が行われているようだった。

ネット検索してみると、どうやら紫禁城内にある故宮博物院に収めきれない文物を展示する中国国家美術館をオリンピック公園内に建設する計画があるという。二〇一〇年から二〇一三年にかけて行われた国際コンペでは、フランス人の著名な建築家ジャン・ヌーヴェルの作品で、複雑に穴の開いた模様の独特なファサードを持つデザインが選ばれた。中国国家美術館は世界最大級の博物館となる予定で、完成すれば年一二〇〇万人が来訪すると見込まれている。

北京市政府は五輪レガシーをさらに強固なものとするために、オリンピック公園をスポーツと文化を融合させた拠点として再整備する計画を持っているようなのだ。

二〇一四年秋には同美術館の建設がスタートした、との記事も見つけた。しかしながら、事情はよく分からないが、二〇一九年一一月末現在、美術館が完成したという報道も、計画が中止されたという報道もない。

（一一）建設費は六〇二億円、改修費は四五二億円
――ロンドン・スタジアム（二〇一二年ロンドン）

「大会後の有効利用を考えずに巨費は投じられない」

「五輪はわずか二週間の祭典。その後の時間の方がとても長い。特に近年の緊縮財政の下、五輪レガシーと大会後の施設の有効利用を熟慮せずに（五輪開催費用の）巨費を投じることを正当化することは難しい」

二〇一二年ロンドン夏季五輪大会の招致を決めたブレア政権のスポーツ相、リチャード・カボーンはそう言い切った。

カボーン元スポーツ相にインタビューをしたのは二〇一七年六月。ヨーロッパに向けた国際列車が発着するセント・パンクラス駅構内のパブだった。ビールを酌み交わしながら

二時間あまり話を聞くことができた。

冒頭、彼が口にした言葉こそ、ロンドン五輪の招致・開催にあたってブレア政権が最も心を砕いたこと――五輪レガシーと大会後の施設の有効利用――だった。

東ロンドン再開発の起爆剤として

カボーン元スポーツ相はブレア政権で環境相、貿易相を務めた後、二〇〇一年から二〇〇七年までその職にあった。二〇〇一年一一月、二人の人物が訪ねて来たという。英国オリンピック委員会のサイモン・クレッグCEOらで、二人が切り出したのは「一一年後の二〇一二年五輪夏季大会をロンドンに招致したい」という話だった。

配下の官僚にスポーツ省としての見解をまとめるように指示すると、間もなく六ページの報告書があがってきた。最初の五ページには「なぜ我々がロンドンに五輪を招致すべきでないか」という否定的な理由が並んでいた。最後の一ページには招致の可能性について触れていたが、末尾には「オリンピックを招致すべきではないと首相の口から明言していただきたい」と書かれていた。

カボーンは「どうもありがとう、でもこれは私の決める事柄ではない」とだけ答えた。ブレア首相に報告書の件を伝えると、「本気で言っているのか」と問い返されたという。

翌二〇〇二年、ブレア政権は閣僚の過半数の支持を得て、五輪招致にゴーサインを出した。五輪を機にスポーツの振興を図ることだけが目的ではない。長年、都市の発展から取り残されてきた東ロンドンの再開発を推進する大きな好機と捉えたからである。

カボーンは「ロンドンはバランスの悪い都市で、均衡のとれた成長が長年の課題だった。空の玄関口のヒースロー空港をはじめ、それまでの大規模投資はすべてロンドン西部に偏っていた」と説明した。

東ロンドンといえば、失業率が高く貧困世帯が多いために犯罪率が高止まりし、治安の悪いエリアとしてその名をとどろかせていた。その東ロンドンに位置するロウアー・リー・バレー地区に、五輪スタジアムやアクアティックス・センターなどの主要競技施設を集めた広さ二〇〇ヘクタールのオリンピック公園[*30]を建設し、五輪レガシーを梃《てこ》に地域活性化を推し進めようという狙いだった。

東ロンドンのターミナル駅「ストラトフォード」に隣接する同地区は、かつて鉄道工場や操車場が広がっていた地域。長年の工業活動で蓄積された土壌汚染が深刻で、廃タイヤなどの山が残ったままの場所だった。

招致計画をまとめる段階で、五輪スタジアムをめぐってさまざまな議論が交わされたという。サッカーの聖地とされるウェンブリー・スタジアム（九万人収容）で開閉会式を行う案や、ロンドン周辺にはサッカー・プレミアリーグクラブの本拠地などが林立する中で新たに恒久的な五輪スタジアムを建設する必要があるのか、という根本的な問いもあった。

しかし最終的には、五輪スタジアムをオリンピック公園の中核施設として建設し、選手村を隣接地に造ることになった。さらに五輪大会後も同公園の再開発を継続的に進めることが決まった。オリンピック公園への交通アクセスとして三線四駅の鉄道網の整備も計画され、インフラ整備を含めた五輪開催の総費用は九三億ポンド（一兆三〇二〇億円）と見積もられた。

二〇〇五年、シンガポールで開催されたIOC総会で、ロンドンは二〇一二年夏季大会の開催地の座を勝ち取る。総会に人気サッカー選手だったベッカムが駆け付けたり、ネルソン・マンデラ南アフリカ大統領の支持を取り付けたりなど勝因はいろいろと挙げられる。

しかしやはり、東ロンドンの再開発という五輪レガシーを強調したプランが一番の勝因だったと、カボーンは振り返る。

仮設席を大量採用

カボーン元スポーツ相は、二〇〇八年末のリーマンショックの以前と以後で五輪招致をめぐる環境が大きく変化したと見ている。世界的に緊縮財政が求められるようになり、市民の目もまた厳しくなった。オリンピックというわずか二週間あまりの祭典だけに巨費を投じることがもう許されなくなったと考えるからだ。

実際、ロンドン五輪では東ロンドンの再開発を前面に掲げただけでなく、「税金の無駄遣い」との批判を回避するさまざまな工夫も凝らされた。その一例が大量の仮設席の採用である。過去の大会の失敗例を踏まえて、レガシーとして残す施設と大会後に取り壊す仮設施設をあらかじめ決めたうえで、大会後の需要を勘案して競技施設の収容人数を決定。仮設席の総数は二〇〇〇年シドニー五輪の一五万席を大きく上回る三〇万席に設定した。

さらにシドニー五輪の経験から学び、早い段階で恒久的に残す新設の競技会場について、大会後の運営管理者と核テナントを次々に決めていった。
一方、環境変化の影響を色濃く受けたのが、五輪の開閉会式と陸上種目が行われたロンドン・スタジアム（五輪スタジアム）だった。

当初計画とデザイン案の撤回

まるで羽毛に覆われたような斬新な観客席の屋根のデザイン、五輪開催時の収容人数は八万人だが、大会後の改修で二万五〇〇〇人にまで大きく減らして国立陸上競技場として運営する――。招致計画で描かれた青写真と、実際に完成したロンドン・スタジアムの姿とは大きく異なる。羽毛のような屋根のデザイン案が撤回されただけでなく、大会後は六万人収容で陸上と球技兼用の多目的スタジアムになったからである。

背景には、二〇〇七年に建て替えられたサッカーの聖地ウェンブリー・スタジアムの建設費用が予想を超えて大きく膨らみ、市民の批判を浴びたことがある。そのため費用がかさむ羽毛のような屋根を備えた当初のデザインはお蔵入りになった。

また、陸上競技場として利用される予定だった大会後の利用方法も、いよいよ五輪開催が近づいてくると、「このままで有効利用が望めるのか」という議論が巻き起こった。二〇〇八年にロンドン市長に就いたボリス・ジョンソン（現英国首相）の強い意向で、核テナントには英国陸上競技連盟のほかにプレミアリーグのクラブが加わることになり、ウェストハム・ユナイテッドFCが選ばれた。夏は陸上競技やコンサートなどのイベントを開催し、その他の季節はサッカー競技場として機能させる。そのためサッカー観戦時の臨場感が増すように観客席とフィールドとの距離を縮める方策として、陸上トラックの上に可動式の座席を設ける構造が採用された。

ロンドン・スタジアムは二〇一二年五輪大会の主会場として利用された後、二〇一五年ラグビーW杯イングランド大会を挟んで足かけ四年間の改修工事を経て、仮設席の撤去と観客席全体を覆う屋根や可動席の設置が行われた。四億三〇〇〇万ポンド（六〇二億円）の建設費に対し、改修費用は三億二三〇〇万ポンド（四五二億二〇〇〇万円）もかかった。

ロンドン五輪の運営とその後の施設の利用状況も含めて、カボーン元スポーツ相は「おしなべてうまくいった」と総括するが、「唯一の失敗」と話すのがこのロンドン・スタジアムである。

それは彼が五輪の招致計画を立案する最初の段階から、五輪スタジアムの核テナントにプレミアリーグのクラブを誘致する案を提唱していたことが背景にあった。もしそのようになっていれば、二〇〇二年に英マンチェスターで開催されたコモンウェルスゲームズ[*31]の主会場として建設され、大会後に市とマンチェスター・シティFCが折半出資して改修し、マンチェスター・シティFCの本拠地となったエティハド・スタジアムのように、クラブの積極的な関与と応分の資金負担が望めたと考えるからである。

カボーンによると、二〇〇七年に五輪スタジアムのデザイン方針案を決定する際に、英国政府、ロンドン市、英国オリンピック委員会の三者が集まり、大会後の核テナントの誘致方針を決める会議が開かれたという。カボーンが主張したプレミアリーグクラブの本拠地として利用する案は賛否が分かれ、投票に持ち込まれた。代表者二人ずつが出て行われた投票には、当時のスポーツ相としてカボーン自身も加わったが、多数決の結果、「陸上トラックを残す」ことと「プレミアリーグのクラブは核テナントとして誘致しない」という決定がくだされた。カボーンの主張は退けられたのである。

「ウェストハムFC側は当時、五輪スタジアムの改修費用として一億五〇〇〇万ポンド

（二一〇億円）は出せる、と言っていたのだが……」とカボーンは語った。

この決定が後に覆され、ウェストハムＦＣが核テナントに決まった際、実際にロンドン・スタジアムの改修費として寄付した額は一桁違う一五〇〇万ポンド（二一億円）だった。これとて世論の強い批判を浴びて、しぶしぶ拠出したものだ。それだけでなく、クラブ側にとってかなり有利な条件でスタジアムのリース契約が結ばれていた。

二五〇万ポンドの使用料

ロンドン・スタジアムを所有するロンドン・レガシー開発公社（ＬＬＤＣ）によると、ウェストハムＦＣとのテナント契約期間は九九年間で、年間のリース料は二五〇万ポンド（三億五〇〇〇万円）だ。下部リーグへ降格した場合、リース料はその半額に減額される。逆に年間二五試合を超えてホームゲームを行う場合は、ウェストハムＦＣは一試合あたり一〇万ポンド（一四〇〇万円）の追加金を支払う必要がある。また、成績に応じて追加金の額が増える。一見異例に思える九九年間という長期のリース契約は、英国では一般的な商習慣に過ぎない。

契約書は将来のスタジアムの命名権についても触れており、もし命名権販売が成功した場合はＬＬＤＣがまず年四〇〇万ポンド（五億六〇〇〇万円）を二〇年間以上にわたって受け取る権利があり、それを超えた額についてはウェストハムＦＣと折半することになっている。

スタジアム内の飲食物販売の利益についてもＬＬＤＣが先に五〇万ポンド（七〇〇〇万円）を受け取り、それを超えた額については両者でシェアする。試合のチケット料金は全額ウェストハムＦＣが受け取る。

一方で支出に関しては、スタジアムの電気代、水道代などのランニングコスト、修繕費、警備費用、清掃代は全額ＬＬＤＣが負担する。さらに問題なのは可動式座席の収納・展開にかかわる費用が全額ＬＬＤＣの負担とされていることだ。毎シーズン最大で八〇〇万ポンド（一一億二〇〇〇万円）必要とされ、ウェストハムＦＣの年間リース料二五〇万ポンドをはるかに上回る。さらに可動式座席を収納・展開するには二四時間ぶっ通しで作業を続けても一五日間かかるという。これでは何のためにウェストハムＦＣを核テナントに加えたのか分からない。可動式座席の収納・展開という作業は毎年必要になることを考えると、将来にわたってこのシステムが機能し続けるかどうかは疑わしい。

もう一つの核テナントである英国陸上連盟は、スタジアムの建設・改修費用として一〇〇万ポンド（一億四〇〇〇万円）を負担した。ウェストハムFCとは違い、スタジアム維持費として年三万五〇〇〇ポンド（四九〇万円）をLLDCに支払っている。リース契約の期間は五〇年間だが、その後五年ごとの契約更新が可能で、最長九九年間まで延長できる。英国陸上連盟がスタジアムを使用できるのは原則として六月末〜七月にかけての一カ月間。私が研究留学のためロンドンに滞在していた二〇一七年七〜八月には、世界陸上と世界パラ陸上が相次いで開かれていた。

ロンドン・スタジアムの運営については、入札を経てフランスのインフラ運営会社ヴァンシが担う。[*32] LLDCによると、運営会社は英国陸上連盟がかかわるイベントとウェストハムFCの試合日以外の日にコンサートなどの各種イベントを企画・運営したり、日々のスタジアム見学ツアーを催行したりすることが主な仕事という。イベントの誘致にはLLDC自身がかかわる場合もある。二〇一九年六月末にヨーロッパ初のメジャーリーグの公式戦としてニューヨーク・ヤンキース対ボストン・レッドソックスの二連戦が開かれたことは記憶に新しい。

半分以下に縮んだアクアティックス・センター

ロンドン五輪の競技施設の中で、傑作と称されるのがオリンピック公園内に建設されたアクアティックス・センターである。この施設もまたロンドン・スタジアムと同様、当初計画時のデザインと仕様に大きな変更が加えられた。

同センターを設計したのは、女性初のプリツカー賞を受賞したザハ・ハディド。そう、当初採用された東京の新国立競技場をデザインしたあの建築家である。

招致時に示された計画では、二〇〇八年北京五輪の国家水泳センター「水立方」のように巨大建築物のまま五輪大会後も運用される予定だった。しかし、コンセプトが大きく変わり、大会後は市民プールとして活用されることになった。五輪開催時は客席数を一万七五〇〇席のままとするが、大会後の改修工事で八五%を取り除き二五〇〇席に減らす。そのため恒久的に残す部分の施設の大きさを半分以下に、体積としてはほぼ四分の一に圧縮する必要があった。デザインも当然、一からやり直しとなる。

一連のプロジェクトを担当したのはザハ・ハディド・アーキテクツのディレクター、ジム・ヘブリン。彼にも直接話を聞くことができた。

新しいデザインは巨大な二つの翼を持つ構造となり、高さは最も高いところで四五メートル。二つの大きな翼部分に一万五〇〇〇席の仮設席をはめ込んだ。巨大な構造にもかかわらず会場内に一つの柱もなく、観客の視界はさえぎられることがない。大会後の改修工事で両方の翼部分は撤去され、仮設席は米フロリダのレーストラックとして再利用されたという。

建設・改修費は当初の見込みを大きく上回る二億六九〇〇万ポンド（三七六億円）に膨らんだが、コンパクトな構造は維持費を安く抑える効果がある。外観こそコンパクトながら、五〇メートルプールを二つ、飛び込み用プールを一つ備えて国際規格を満たしており、大規模な競技大会を催すときには一〇〇〇席の座席を追加設置できる仕組みになっている。

また、外から差し込む光は大きな窓ガラスを透過すると美しいブルーに輝く。中にいるだけでとてもリッチな気分になり、ここが市民プールとはとても想像できない。

ヘブリン同社ディレクターは「過去の五輪施設には大会後に利用されないまま放置され

ウェストハム・ユナイテッドＦＣと英国陸上競技連盟のダブルテナントを擁するロンドン・スタジアム。左に見えるのは世界最長の滑り台を備えた展望塔アルセロール・ミッタル・オービット＝2017年７月撮影

ている施設が少なくない。高い質の五輪レガシーを残すことと、サステナビリティ（持続可能性）を考慮した設計思想が大切だ」と強調した。

世界最長の滑り台

もう一つ、当初プランになかった施設がロンドン・スタジアムのすぐ横に建てられた。世界最長のトンネル型滑り台を備えた高さ一一四・五メートルの展望塔アルセロール・ミッタル・オービットである。「何かオリンピックを記念する特別なものを」というジョンソン市長（当時）

の意向で建設が決まった。イギリスの鉄鋼王で、鉄鋼会社アルセロール・ミッタルの会長が資金の大半を拠出して建設されたため、この名が付いている。

多くの観光客でにぎわう施設となっており、世界パラ陸上を観戦するためオリンピック公園を訪れた二〇一七年七月にこの展望塔に上ろうとしたが、その日のチケットはすべて売り切れ。あきらめざるを得なかった。入場料は二〇一九年現在で一一・五ポンド（一六一〇円）から。土日曜を中心に稼働するスタジアムとは違い、観光客を毎日集めて収入を生む施設として有効に機能している。

発展するオリンピック公園

最後にオリンピック公園について少し触れよう。クイーン・エリザベス・オリンピック公園と名付けられたこの公園は年々着実に進化を遂げている。

ロンドン五輪の前年、ストラトフォード駅に直結する欧州最大級のショッピングモール「ウェストフィールド・ストラトフォード・シティ」が開業。モール内には映画館やカジノ、ボウリング場など豊富なエンターテインメント施設も備わる。モールの周囲ではオフィスビル街の整備も進んでいる。また、五輪大会時にメディアセンターがあった場所は、「ヒアイースト」と呼ばれるITデジタル産業が集積するイノベーション（技術革新）拠点となった。

住宅開発も進んでいる。五輪大会時に選手・関係者約一万七〇〇〇人が滞在した選手村は二八一八戸の賃貸・分譲住宅に改修され、二〇一三年に新しい居住区「イーストビレッジ」としてオープン。小学校なども新設され、六〇〇〇人が居住する。追加で二〇〇〇戸の分譲が予定されるほか、周辺地域の住宅開発も加速している。

二〇一七年七月、電話インタビューに応じてくれたオリンピック公園を運営するLLDCのデビッド・ゴールドストーンCEO（当時）は次のように語った。

「オリンピック公園には毎年六〇〇万人が訪れるようになった。今後一五年間でこのエリアに新たに四万人の雇用が生まれ、二万四〇〇〇戸の住宅供給も予定されている。次のステージは大学キャンパスの誘致。ユニバーシティ・カレッジ・ロンドン（UCL）とロンドン芸術大学がすでに公園内に新キャンパスを開設する計画を表明している。東ロンドンの活性化のために今後も五輪レガシーの再生を続けたい」

五輪レガシーを有効に生かすためには、継続的な投資が欠かせないのだ。

註

＊30：オリンピック公園は二〇一三年に「クイーン・エリザベス・オリンピック公園」と名称変更された。

＊31：イギリス連邦に加盟する七〇に及ぶ国・地域が四年ごとに開催する総合競技大会。イギリス（イングランド、スコットランド、ウェールズ）、オーストラリア、カナダ、ニュージーランドは第一回大会から参加している。オリンピック種目のほかに七人制ラグビー、ネットボールなどが競技種目になっている。

＊32：ヴァンシはパリ郊外にある八万人収容のスタジアム「スタッド・ド・フランス」の運営会社としても知られる。スタッド・ド・フランスは一九九八年ＦＩＦＡワールドカップ・フランス大会と二〇〇七年ラグビーＷ杯でそれぞれ決勝戦の舞台となったほか、二〇二四年に開催予定のパリ五輪でも開閉会式と陸上種目が行われる予定。ヴァンシは日本では、オリックスなどと企業連合をつくり、関西国際、大阪、神戸の関西三空港の運営を行っている。

（一二）公共料金も払えないスタジアム
――マラカナン・スタジアム、エスタジオ・オリンピコ・ニウトン・サントス（二〇一六年リオデジャネイロ）

第二のアテネ

「五輪が終わった後に一カ所たりともホワイト・エレファントを出さないと約束しよう」

二〇一六年リオデジャネイロ夏季五輪大会の前年、市の幹部はそう公言してはばからなかった。リオ五輪直後も、直近の北京、ロンドン大会と比べてお金をかけない大会運営が高く評価され、ＩＯＣのバッハ会長は「先進国でなくても五輪を開催できる成功例の象徴だ」と持ち上げた。

それにもかかわらず、半年も経たない翌二〇一七年初めには早くも〝公約〟は反故《ほご》にされ、〝第二のアテネ〟への道を突き進んでいる。

五輪の開閉会式が行われたのはサッカーの聖地マラカナン・スタジアム。五輪でサッカー決勝戦の舞台になり、サッカー王国ブラジルが悲願の金メダルを獲得した際には歓喜の渦に包まれた。客席数約七万九〇〇〇席のこのサッカー競技場は、一九五〇年FIFAワールドカップ・ブラジル大会の会場として利用されたほか、二〇一四年の同大会でも再び決勝戦の舞台となった。ブラジル国内で最も有名で伝統ある競技場だ。

マラカナン・スタジアムは二〇一四年サッカーW杯を前に五億ドル(五四〇億円)以上をかけて改修工事が行われた。それにもかかわらず、栄光の姿は今や跡形もない。緑の芝生はミミズに荒らされて凸凹にはげ、スタジアムの窓やドアは粉々に打ち砕かれている。七万九〇〇〇の客席のうち約一〇%は盗人に持ち去られ、スタジアムに残っていた高価な備品や貴重な記念品の数々も略奪された。電気料金三〇〇万レアル(八一〇〇万円)が未払いのため、二〇一七年一月には給電さえ打ち切られてしまった。

市西部に新設されたオリンピック公園内の競技施設も運営団体が見つからず、平日は閉鎖され、ゴーストタウンと化している。仮設施設として建てられたはずの水泳競技会場エ

電気が止められ、薄暗いマラカナン・スタジアム＝2017年２月撮影

スタジオ・アクアティコ・オリンピコ（約一万五〇〇〇人収容）は、資金がなく放置されたまま。プールからは悪臭が立ちこめ、建物の外壁に吊り下げられたタペストリーは崩れ落ちて荒廃した雰囲気を醸し出している。五輪のために二〇〇〇万ドル（二一億六〇〇〇万円）をかけて造成されたゴルフコースも訪れる人はほとんどいないという。また、高級住宅地に生まれ変わる予定だった選手村も改修後に分譲住宅として売り出されたが、大半が売れ残っている。

まさに第二のアテネである。

暗雲漂うもう一つの五輪スタジアム

リオ五輪では、市内の四地区に五輪競技施設を集積させた。マラカナン・スタジアム周辺のマラカナン地区、オリンピック公園を中心とするバーラ地区、国際的な保養地として知られる市南部のコパカバーナ地区、そして郊外のデオドロ地区である。

また、これまでの夏季五輪大会では陸上種目を行う会場で開閉会式を行うことが常だったが、リオ五輪では会場を分けて実施された。陸上種目が行われたのはマラカナン・スタジアムにほど近いエスタジオ・オリンピコ・ニウトン・サントス（ニウトン・サントス五輪スタジアム）である。

客席数四万六〇〇〇席のこのスタジアムは、二〇〇七年パンアメリカン競技大会と二〇一六年リオ五輪の招致をにらんで建設された。建設費は一億九二〇〇万ドル（二〇七億三六〇〇万円）で、二〇〇七年に開業。五輪期間中には一万五〇〇〇の仮設席が増設された。屋根は観客席の上部だけを覆う。

ブラジル経済がまだ好調だった二〇〇七年にプロサッカークラブの古豪ボタフォゴFR

と二〇年間のリース契約を結んでいたおかげで、この五輪スタジアムは辛うじて負の遺産化から免れているようだ。

しかし、観客席の一部を覆う屋根に落下の危険性が指摘されて一年半閉鎖されたり、[*33]二〇一六年には公共料金の未払いで電気や水道供給が一時期ストップしたりした。

このスタジアムは現在も陸上トラックが残るため、これまで何度も指摘してきたようにサッカー観戦には向かない。また都市部の再開発とは無縁の市郊外に立地するうえ、リオ市は財政難で、継続的な投資も望めそうにない。

五輪スタジアムの後利用について評価をくだすには時期尚早だが、二〇二七年にボタフォゴＦＲとリース契約の更新交渉を行う際にすんなりといくかどうか。バルセロナやアテネの例を見ても、先行きの不透明感は否めない。

註

＊33：五輪スタジアムの屋根は二〇一六年リオ五輪を前に改修された。

第二章　負の遺産化を防ぐカギ

八つの要因

五輪スタジアムが長く有効利用されるためには、どのような条件が必要だろうか。これまで見てきた世界各地の五輪スタジアムで得た教訓から、有効利用のためのキーワードを探りたい。

まず前提として、建設費を大きく上回る維持管理・修繕費の負担や将来の大規模改修に備えて十分な収入を生み出し続ける必要がある。サッカークラブなどの核テナントを持つ場合は、長期間利用してもらえる魅力的な施設であり続けなければならないだろう。核テナントを持たない場合、または核テナントの集客力が低い場合は、別の収入源をしっかり確保しなければならない。

巨額の建設・改修費、高止まりする維持管理費、収容人数に見合ったイベント需要の少なさ、陸上競技場仕様でホスピタリティを欠く設備（スイートルームやレストランなどが基本的にないこと）――の三重苦、四重苦に直面する五輪スタジアムには大きなハードルと言えよう。

ここでは五輪スタジアムを有効利用するための要因として、八点を指摘しておきたい。ハーバード・ビジネス・スクールのスティーブン・グレイザー名誉教授との共著論文[*34]でも示した内容である。

1．陸上トラックの撤去

現在でも陸上トラックが残るのはミュンヘン、ソウル、バルセロナ、アテネ、北京、ロンドン、リオデジャネイロ（エスタジオ・オリンピコ・ニウトン・サントス）の各五輪スタジアムである。

フィールドと観客席の間に横たわる陸上トラックの存在は、サッカーやラグビー、野球などの球技観戦では邪魔になる。そのため、もしメジャーリーグ（ＭＬＢ）球団やサッカークラブなどの核テナントを誘致しようと思えば、モントリオール、ロサンゼルス、アトランタ、シドニーがそうしたように、五輪大会後に陸上トラックを撤去することが望ましい。バルセロナやアテネのように陸上トラックを残したままの場合、核テナントであるサッカークラブなどがいずれは近代的な球技専用競技場を自己資金で建設し、本拠地を移転するのを指をくわえて見ているしかない。

ただし、有力な核テナントを誘致しないのであれば、その限りではない。ロンドン・スタジアムのように可動式座席を採用し、サッカーの試合用に陸上トラックを覆う可動席を設けることも可能だが、ネックとなるのは可動席を収納・展開する際の費用。ロンドンではその費用がプレミアリーグのウェストハムFCが支払う年間リース料よりも高額だった。長期的に有効な策なのかは見通せない。

2．客席数の削減

過大な客席数は何万席もの空席を招く。開催イベントの雰囲気を損ね、観客を興ざめさせるのは明らかだ。また、客席数が多ければ多いほど維持管理・修繕費も高くつくためホワイト・エレファントになりがちである。

スタジアムに手を加えることが許されないミュンヘン、客席数が五万人台と比較的コンパクトなモントリオールは例外として、現在も五輪大会後に客席数が削減されていないのはソウル、バルセロナ、アテネの各都市である。三都市に共通していた点は、改修工事をする財政的な余裕がないか、五輪スタジアムの維持・運営に大きな関心を払っていないかのどちらかである。

モスクワのように竣工から六〇年近くが経過し、老朽化したスタジアムを建て替える段階で陸上トラックを撤去し、客席数を削減した例もあった。

3．継続的な設備投資

多くの五輪スタジアムは場内にキッチン設備がないなど、観客を楽しませる仕掛けに乏しく、近代的なスタジアムに比べて設備面で見劣りがした。核テナントの有無を問わず、スタジアムをより魅力的な場所に変えるためには継続的な投資は欠かせない。

モントリオールでは開閉式の屋根の設置、展望塔の建設などが進められ、ケベック州は約四〇年間で三億一〇〇〇万カナダドル（二五四億二〇〇〇万円）を五輪スタジアムに追加投資した。投資はMLBエクスポズを核テナントとしていた時代に集中しているが、近年になって金融機関オフィスを誘致するための工事が行われるなど、再び積極姿勢に転じている。シドニーも、五輪スタジアムを所有する民間企業がVIPルームの新増設などを順次行ってきた。

ロサンゼルスの場合、二〇一三年に無償で運営権を譲り受けた南カリフォルニア大学（USC）がスイートルーム、売店が並ぶコンコース、展望デッキなどを擁する七階建てタワーを建設中で、さらに二〇五四年にかけて毎年平均一〇〇万ドル（一億八〇〇万円）強を座席や照明などの設備更新に投資することを約束している。

しかしアトランタの場合は、設備更新を二〇年間担ってきたのは核テナントのMLBブレーブス。スタジアム所有者のアトランタ市などはこの間、ほぼ傍観していただけで、リース契約の更新交渉の際にブレーブスから資金協力を求められても拒否。その結果、本拠地移転を招くことになった。

一方、バルセロナ、アテネのように最低限のメンテナンスしか行われていない五輪スタジアムは、ホワイト・エレファントの状態から抜け出せないでいるか、その予備軍である。

4．至便な交通アクセス

車社会の米国では道路事情、その他の国では大量輸送機関であるメトロや鉄道によるアクセスが容易であるかどうかも重要なポイントだ。

交通の便が悪かったのはアトランタとバルセロナの二都市。アトランタでは二〇年間慢性的な渋滞が解消されず、ブレーブスの試合開始時間に間に合わないファンがいつも一万人以上いた。試合日には最寄りのメトロ駅からシャトルバスが臨時運行されるが、夜はメトロの本数もぐっと減り、使い勝手が非常に悪い。交通アクセスの悪さはブレーブスの本拠地移転を促す大きな要因にもなった。

またバルセロナでは、利用できる公共交通機関は路線バスに限られる。最寄りのメトロ駅から歩けなくもないが、モンジュイックの丘の上に建ち、急坂な山道を上り下りしなければならない。五輪スタジアムのすぐ近くには、元IOC会長のアントニオ・サマランチの名前を冠したオリンピック・スポーツ博物館などもあるが、交通が不便なため日常的に訪れる人は少ない。

5．近郊に競合施設がないこと

イベント需要を奪い合う既存の大型スタジアムの存在は、五輪スタジアムにとって脅威となる。シドニーでは開業からいきなり二年連続で赤字決算となり、長く経営難に苦しんだ。ロサンゼルスでも核テナントのＮＦＬ（アメフット）クラブやＭＬＢ球団が自前のスタジアムを建設して離れて行き、観客数が漸減していった。バルセロナやアテネも同様である。

競合するスタジアムが物理的に存在しないのはモントリオールに限られる。しかしミュンヘンのように、ＦＣバイエルンの本拠地アリアンツ・アレーナと〝密約〟を結び、開催イベントのすみ分けに成功すれば、ライバルの競技場は事実上存在しないことになり、同じ効果が期待できる。

シドニーでは二〇一六年、ニュー・サウス・ウェールズ州が民間企業から五輪スタジアムの所有権を買い戻し、その結果、周囲の四カ所のスタジアムすべてが州政府の所有となった。四カ所それぞれを収容人数と目的の異なるスタジアムに建設・改修し、ネットワークを構築する戦略で、競合を防ぎイベント需要を分け合う狙いがある。ミュンヘンの場合と同じ効果を狙ったわけである。

以上の三都市以外にこの条件にかなう開催都市はない。

6．開催都市の健全な財政状況

五輪開催が直接の引き金となったわけではないが、二〇一〇年以降経済危機に見舞われているアテネは、ほとんどの五輪施設の維持・運営を放棄してしまっている。

リオデジャネイロも深刻な財政危機に直面し、マラカナン・スタジアムの電気料金の支払いさえ滞る始末。五輪施設は随所で放置され、第二のアテネの道を突き進む。

過去、モントリオールも五輪開催に伴う巨額赤字のダメージを引きずった。一九八七年の展望塔建設と吊り屋根設置工事以後は前向きな設備投資は行われず、二〇〇五年にMLBエクスポズが本拠地を移してからは有料入場者数が激減。二〇一二年以降に積極投資に転ずるまで、オリンピック公園の利用者はじり貧状態が続いた。

7．独創的なデザインと世界的な認知度

五輪スタジアムに独自の強みがあるとすれば、それは五輪レガシーそのものであることだろう。五輪を思い起こさせる独創的なデザイン、そして世界的な知名度は、五輪スタジ

アムがホワイト・エレファントになるのを防ぐ有力な武器になり得る。

煙突状の聖火台が入場ゲートの上にそびえ立つロサンゼルス・メモリアル・コロシアムの威容は、その歴史の重みとともに世界的に高い知名度を誇る。南カリフォルニア大学（USC）が老朽化したスタジアムの運営権を譲り受ける決断をしたのも、この世界的に高い認知度が決め手だった。

また、北京の鳥の巣がいまだに何十万人という観光客を集めているのは、鉄骨を編むように複雑に組み合わせた奇抜なデザインと、赤と黄色にライトアップされる幻想的な夜景が生み出す美しさが、他のスタジアムの追随を許さないからである。

欧州では、蜘蛛の巣状のテント屋根が特徴的なミュンヘンの五輪スタジアムが圧倒的に高い知名度を誇っていた。

8. 周辺地域との一体開発の成功

五輪開催から四〇年近い歳月を経て再びオリンピック公園に積極的な投資を開始したモントリオール。オリンピック公園を核にした都市のさらなる成長軌道を描こうと、五輪スタジアムの改修と鉄道路線の新設に乗り出すシドニー。東ロンドンの活性化を目標に掲げ、今なおオリンピック公園の開発を進めるロンドン。

三都市に共通することは、市中心部からさほど離れていない場所に五輪スタジアムを中核施設とするオリンピック公園が造られていること。さらに交通アクセスが良く、その近くにはかつての選手村（現在は住宅地）が広がっていることだ。オリンピック公園にはコンサート開催に適した屋内競技場、プール、展望塔などさまざまな用途の施設があり、公園全体で収益計画を立てることができる。またオリンピック公園への再投資は近隣住民の利益にも直結し、都市の発展にも寄与する相乗効果が得られる。つまり五輪スタジアムへの投資にインセンティブが働きやすいのだ。

それに対して、アトランタのようにターナー・フィールド（旧五輪スタジアム）がダウンタウンに孤立して建っている状況では、有力な核テナントでもいない限り十分な収入を生み出すのは至難である。そのため何かのきっかけでホワイト・エレファントに陥りやすい。

核テナントの有無は?

さて、五輪スタジアムに有力な核テナントの誘致は不可欠なのだろうか。

もし有力な核テナントの存在そのものがホワイト・エレファントになることを防ぐ重要な要因ならば、プロスポーツの集客力と市場規模に勝る欧米は圧倒的に有利で、アジア・豪州の五輪スタジアムはこぞってホワイト・エレファントになっていなければならないはずである。

しかし、実際はそうではない。アテネ、バルセロナ、アトランタのように有力な核テナントが存在していたものの、早々に去ってしまい、負の遺産化が加速したケースが続発していた。逆にFCバイエルンという有力テナントを失ったミュンヘンでは今なお多くのイベントが開催され、六〇万人を超す観客が詰めかけている。北京では、八万の観客席を満員にするイベント探しにこそ苦労しているが、いまだに何十万人という観光客が入場料を支払って施設見学ツアーに参加している。

開催都市の人口や経済規模も、五輪スタジアムの有効利用に関係しないだろう。人口二〇〇〇万人の世界最大級の都市であり、世界第二位の経済力を持つ中国の首都北京で、わずか八万の観客席を埋めるイベント探しに苦労しているのがその証拠である。さらにいえばロンドンやロサンゼルスのような大都市でも、大会後の有効利用に知恵を絞り、努力し続けなくてはならないからである。

註

＊34：Okada, I. and Greyser, S. A.（2018）. After the Carnival: Key Factors to Enhance Olympic Legacy and Prevent Olympic Sites from Becoming White Elephants, *Harvard Business School Working Paper*, No. 19-019　論文はオリンピック・ワールド・ライブラリーにも収蔵されている。

第三章　そして、新国立競技場（二〇二〇年東京）

ザハ案の撤回

時の政治情勢に振り回されてしまうのが五輪スタジアムの宿命なのかもしれない。

二〇二〇年東京夏季五輪大会の主会場として建設された新国立競技場は、ロンドンの五輪スタジアムと同様に、当初のデザイン案が撤回に追い込まれ、仕様に大幅な変更が加えられた。

まずは、簡単に新国立競技場問題について振り返っておこう。

国際デザインコンクールの末、新国立競技場のデザイン案が決定したのは二〇一二年一一月。最優秀賞に選ばれたのは、「曲線の女王」の異名をとる世界的な女性建築家ザハ・ハディドの作品だった。ザハは曲線を多用する前衛的な作風で知られるが、初期の作品は施工技術が追いつかず、いずれも計画の途中段階で中止となった。

コンクールの際に提示された条件は、二〇一九年秋に開催されるラグビーW杯の決勝戦会場として整備する▽観客席は八万人規模▽天候に影響されない開閉式屋根を設置する▽総工費は一三〇〇億円程度——を満たすこと。ザハのデザインは、競技場の屋根を支える二本の長いアーチ状の構造物（キールアーチ）を持つ流線型の軀体《くたい》が特徴だった。後に、森喜朗元首相が「生カキがドロッと垂れたみたい」と評した。

翌二〇一三年九月のIOC総会で、東京が二〇二〇年夏季五輪の開催地に決定した。旧国立競技場の解体工事は翌年夏に始められる予定だったが、入札は不調に終わり、二〇一五年初めにずれ込んだ。東日本大震災の復興事業や東京五輪を前にした建設ラッシュで工事費が高騰したことが原因だった。今思えば、ザハ案の撤回騒動に至る予兆だったのかもしれない。

二〇一五年五月になって国は突然、新国立競技場のフィールド部分を覆う開閉式屋根の設置工事を五輪後に先送りし、八万席の観客席のうち一万五〇〇〇席を仮設にするとの計画変更を発表した。総工費が招致時に試算した一三〇〇億円から二五〇〇億円超に大幅に膨らむことが判明したためである。

それでもなお、「ザハのデザインは巨大過ぎて景観を損ねる」との批判はやまなかった。安倍晋三首相は同年七月、ザハ案を白紙に戻すと表明。さらに工期の関係から、開閉式屋根の設置とラグビーW杯の会場として利用することを断念した。また経費削減の観点から、安倍首相の指示で、客席の冷暖房設備もカットされた。

九月に改めてデザイン公募が行われ、一二月に大成建設などと組んだ隈研吾《くまけんご》の案が選ばれた。

「杜《もり》のスタジアム」をテーマにした新デザインは、木材をふんだんに使用した温かみのある質感を特徴とする。客席数は六万席に減り、将来のFIFAワールドカップの招致をにらんで八万席までの増設が可能。総工費は一五六九億円で、財源の半分を国が負担し、残りを文部科学省所管の独立行政法人「日本スポーツ振興センター（JSC）」と東京都が折半する。このJSCが新国立競技場の事業主体で施設所有権も持つ。

スタジアムは二〇一六年一二月に着工し、二〇一九年一一月末に完成した。

迷走する後利用協議

変更に追い込まれたのは新国立競技場のデザインと仕様だけではない。東京五輪後の利用方法もまた迷走を続けている。

新国立競技場の後利用についてはスポーツ庁のワーキングチームが二〇一七年七月、東京五輪後に陸上トラックを撤去して球技専用競技場とする方針を決め、関係閣僚会議で了承された。改修工事の際に観客席を八万席に増設、二〇二二年後半以降の供用開始を目指す、とされた。合わせて民間に運営委託する方針も決まり、運営事業者は公募を経て二〇二〇年秋に選定される予定だ。

具体的にはサッカーやラグビーの試合での利用を想定し、サッカーの場合は日本代表戦のほか日本選手権など国内最高クラスの大会の決勝会場などとして、ラグビーの場合は同じく日本代表戦や日本選手権のほかにトップリーグや大学リーグ戦の開催も視野に入れている。さらに夏を中心に音楽コンサートやフェスティバルの誘致も目指す。一方、命名権の導入も検討する、とした。

ところが二〇一九年七月、これまでの議論とは一転、五輪後も陸上トラックを残し、陸上と球技の兼用にする方向で調整が進んでいるとの報道が相次いだ。球技専用競技場にしたときの収益性に疑問符が付いたことが原因だった。改修には最大一〇〇億円が必要とされる。また、年間約二四億円とされる維持費以外にも、運営権の売却に伴って年間約三〇億円の固定資産税の負担が生じる恐れが出てきたためだ。また、球技専用としても収益が見込めるのはサッカー日本代表戦など一部だけで、逆に陸上トラックを残した方が収益性の高いコンサートを行う際、芝生を傷めずに会場設営ができるとの声が出ているという。後利用をめぐる見通しの甘さが浮き彫りになった格好だ。

待ち受ける〝維持・修繕費地獄〟

まだ東京五輪が開催されていない段階で、新国立競技場の後利用の成否を論じるのは時期尚早であることは承知のうえだが、多難な前途が待ち受けていることは間違いがない。第二章で示した五輪スタジアムを有効利用するための八項目の要因に照らし合わせてみると、その理由は明らかだ。

結論の出ていない陸上トラックの問題は脇に置いておこう。問題は客席数である。新国立競技場は東京五輪後に観客席の増設工事を予定しているが、過去に五輪大会後に客席を増やした例はない。それどころか過大な客席数こそ、維持運営を難しくしてきた〝戦犯〟だった。

また、新国立競技場のデザインが世界的に高い認知度を得るとは思いにくい。アトランタのようにダウンタウンに孤立した立地であり、周辺地域との一体開発も望めない。確かに、隣接する老朽化した秩父宮ラグビー場と神宮球場の場所を入れ替えて建て直し、商業ビルやホテルも建設する神宮外苑地区の再開発計画が予定されている。しかし、JSCが関係するのは秩父宮ラグビー場だけだ。大手デベロッパー主体の再開発計画に過ぎず、シドニーやロンドンのようにオリンピック公園全体で収益を上げるわけにはいかない。これではとうてい一体開発とは呼べない。また、改築後の新秩父宮ラグビー場との間で、ラグビーの試合を中心にイベント需要を〝共食い〟する状況も避けられないだろう。さらに神宮球場も改築されるとなれば、三つ巴《どもえ》でイベントの争奪戦が繰り広げられるに違いない。

ザハのデザインでは「集客用の設備として、屋根の上の散歩を楽しむ『スカイウォーク』を構想していた」（ザハ・ハディド・アーキテクツのディレクター、ジム・ヘブリン）と聞くが、果たして今の新国立競技場に目玉となる集客設備があるのだろうか。さらに、東京五輪の記憶が新しい間はともかくとして、さいたまや横浜、あるいは東京ドームなど近郊の大型スタジアムとイベント需要を奪い合うことは避けられない。

また、ヤンキー・スタジアム、フェンウェイ・パーク、ウェンブリー・スタジアム、カンプ・ノウ……など、市民に愛されてきたスタジアムはいずれも命名権を販売していない。〝聖地〟には企業名はなじまないのだ。もし検討されているように新国立競技場が命名権を売却すれば、北京の鳥の巣とは真逆の方向で、五輪レガシーというオーラを自ら脱ぎ捨てて「普通のスタジアム」になってしまうことだろう。そうなればさらに競争は厳しくなる。

開催都市の財政状態については、新国立競技場の所有者が国であることを考えると、楽観視はできないだろう。

新国立競技場の数少ないセールスポイントは、ほかの五輪スタジアムと比べて交通アクセスが格段に優れていることだ。あとは、スタジアムをより魅力的な場所に変えるための設備投資を継続的に行えるかどうかは、当事者の覚悟にかかっている。

さらに、新国立競技場には固有の難題も待ち受けている。

それは暑さ対策。経費削減で客席の冷暖房設備がカットされたためだ。その代わりに、最新技術を導入し、自然の風で涼をとる設計が施されているほか、冷風機を一八五台設置し、ミスト冷却設備も取り付けられるという。

しかし、それで十分といえるのかどうか。これまで出会った国内外の建築家が口をそろえて語っていたことは、暑さへの懸念だった。「最悪のケース、五輪観戦中または競技中に万が一でも熱中症で亡くなる人が出た場合、『先進国ニッポン、技術国ニッポン』のブランドイメージは地に落ちるだろう。そのリスクとダメージを、日本は果たして理解しているのか」と問われた。こうした識者の声を二〇一七年初めごろから機会あるごとにスポーツ庁の官僚らに届けたが、反応は鈍いままだった。

新国立競技場の本格的な後利用計画や民営化計画の策定は、二〇二〇年夏の東京五輪大会後に先送りされた。しかし、時間を置いたところで、なんら状況が改善されるわけではない。

維持・修繕費という〝地獄〟の釜の口は今やすでにバックリと開き、新国立競技場を呑《の》み込もうとしている。

おわりに

情報は上から下に流れる。

経済部記者時代に学んだことである。経営トップは情報のすべてを部下と共有するわけではない。つまり、経営トップしか知らない貴重な情報が少なくないという意味だ。その情報にどうアクセスするかが、ジャーナリストとしての腕の見せどころである。

その意味で、五輪スタジアムの情報も上から下に流れると言っていい。建設費や収容人数などの基本情報は誰でも容易に入手できるが、集客数や収支状況などは秘匿されていることが多い。まさに一握りの関係者だけが知る情報である。その隠されたデータや報告書に書かれていない事柄の中にこそ、五輪スタジアムがホワイト・エレファントに陥る要因が潜んでいるのではないかと考えた。

今回の五輪スタジアムの調査・研究にあたり、実際に現地へ足を運ぶことはもちろんとして、スタジアムの事業者・運営管理者、そして核テナントの中枢人物に直接会い、詳細なデータの提供を求めるとともに、「スタジアムの有効利用に失敗または成功した理由」「核テナントや音楽コンサート誘致の現状と課題」「競合施設が与える経済的な打撃」「交通アクセスを含めた使い勝手」などを聞き出すことにこだわった。

スタジアムによっては触れてほしくない内容を多く含む。そのため作業は容易ではなかったが、そのこだわりと努力があったからこそ明らかになった事実が多くある。ミュンヘン五輪スタジアムの〝密約〟、ロサンゼルス・メモリアル・コロシアムの運営をＵＳＣが引き受けたわけ、ＭＬＢブレーブスがターナー・フィールドを捨てた事情、ロンドン・スタジアムの核テナントであるウェストハムＦＣをめぐる秘話の数々である。

一連の調査を終えて痛感したことは、五輪施設の有効利用に真摯に取り組んでいるのか、否か――その違いは情報公開に対する姿勢でうかがえるということだ。

モントリオールのオリンピック公園は初期の段階から、収支状況と個別の施設の集客数を毎年ホームページで公表し続けている。シドニーもまた州政府が二〇一六年に五輪スタジアムを民間企業から買い戻して以降、イベントごとの集客人数を逐次ホームページで公開している。巨額の公的資金を投入して建設・改修を行うのだから当然と言えなくもないが、民間・公共のスタジアム・アリーナの中で、情報公開に対する積極的な姿勢は突出している。

確かに客席数七万を超す巨大スタジアムを満員にすることは至難である。しかし、たとえ不都合な真実でもまず現状を洗いざらい公開する――そのことが五輪レガシーの再生を実現する第一歩だと考える。

モントリオールの新たな挑戦を見る限り、五輪施設が負の遺産化することを防ぐアイデアには限りがなく、その努力に「手遅れ」という言葉もなさそうなのだから。

本書は、二〇一五年度安倍フェローシップの助成を受けて行った研究成果の一部である。

本書の刊行にあたり、前著『メジャーリーグ　なぜ「儲かる」』に続き、ご担当いただいた集英社新書編集部の千葉直樹氏にまず感謝の意を表したい。二〇一六年秋からの留学に際しては、ホストとして私をハーバード大学ライシャワー日本研究所の客員研究員に迎え入れてくださったアンドリュー・ゴードン教授、またオックスフォード大学サイード・ビジネス・スクールの客員研究員に迎え入れてくださった酒向真理教授に深謝申し上げたい。

　また十数年来の研究パートナーであり、恩師と尊敬するハーバード・ビジネス・スクールのスティーブン・グレイザー名誉教授にはたいへんお世話になった。二〇〇七年のフルブライト留学以来、久方ぶりに楽しい共同研究を行うことができたのは一生の思い出である。アカデミズムの道に進もうと考えたときにも、さまざまなご相談に乗っていただいた。さらにインタビューに応じていただいた夏季五輪開催地の関係者すべての方々に感謝申し上げる。

　そして陰に陽に支えてくれた両親と、地球をぐるりと一周する一年間の研究生活に付き添ってくれた最愛の妻の優（グレース）にも。

二〇二〇年一月二日　大阪で

岡田　功

参考文献

著書・論文

アンドリュー・ジンバリスト著／田端優訳『オリンピック経済幻想論～2020年東京五輪で日本が失うもの～』ブックマン社　二〇一六年

岡田功『メジャーリーグ　なぜ「儲かる」』集英社新書　二〇一〇年

小川勝『オリンピックと商業主義』集英社新書　二〇一二年

オリンピック各大会の公式報告書

シドニー・オリンピック・パーク・オーソリティー『オリンピックレガシー成功物語』シドニー・オリンピック・パーク・オーソリティー　二〇一五年

山本康友「オリンピックのその後―競技施設等の整備から見えるもの―」日本不動産学会誌28(1), 49-53, 2014.

Brunet, F. (1995). An economic analysis of the Barcelona '92 Olympic Games: resources, financing and impacts. In M. de Moragas & M. Botella (Eds.), *The Keys to Success: The social, sporting, economic and communications impact of Barcelona '92* (pp. 203-237). Barcelona: Servei de Publicacions de la UAB.

Cashman, R. (2006). *The Bitter-Sweet Awakening: The Legacy of the Sydney 2000 Olympic Games.*

Petersham, Australia: Walla Walla Press.

Clairoux, B. (2016). *Le Parc olympique: 40 ans d'émotions.* Toronto: Dominion Modern.

Delladetsima, P. (2003). The Olympic Village: A Redevelopment Marathon in Greater Athens. In F. Moulaert, A. Rodriguez, & E. Swyngedouw (Eds.), *The Globalized City: Economic Restructuring and Social Polarization in European Cities* (pp. 65-89). Oxford: Oxford University Press.

Flowers, B. S. (2017). *Sport and Architecture.* London: Routledge.

Flyvbjerg, B., Stewart, A. & Budzier, A. (2016). The Oxford Olympics Study 2016: Cost and Cost Overrun at the Games. *Saïd Business School Research Papers, 2016-20.*

French, S. P. & Disher, M. E. (1997). Atlanta and the Olympics: A One-Year Retrospective. *Journal of the American Planning Association, 63 (3),* 379-392.

Kasimati, E. (2015). Post-Olympic Use of the Olympic Venues: The Case of Greece. *Athens Journal of Sports, 2 (3),* 167-184.

Liang, W., Song, X. & Wang, S. (2011). Case Study of the Bird's Nest: Risks and Opportunities in China's PPP Implementations in Major Sports Facilities. *Advanced Materials Research, 243-249,* 6332-6338.

Matheson, V. A. (2006). Mega-Events: The effect of the world's biggest sporting events on local, regional, and national economies. *College of the Holy Cross, Department of Economics Faculty Research Series, Working Paper No. 06-10.*

Nimmo, A., Wright, S., & Coulson, D. (2011). Delivering London 2012: temporary venues. *Civil*

Engineering, 164 (*6*), 59-64.

Okada, I. & Greyser, S. A. (2013). How Major League Baseball Clubs Have Commercialized Their Investment in Japanese Top Stars, *Harvard Business School Working Paper,* No.14-029.

Okada, I. & Greyser, S. A. (2018). After the Carnival: Key Factors to Enhance Olympic Legacy and Prevent Olympic Sites from Becoming White Elephants, *Harvard Business School Working Paper,* No.19-019.

Olympiapark München. (2017). *Annual Report 2017.* München: Olympiapark München GmbH.

Parc Olympique. (2001-2018). *Rapport Annuel 2001-2018.* Montréal: Parc Olympique.

Preuss, H. (2004). *The Economics of Staging the Olympics: A Comparison of the Games, 1972-2008.* Cheltenham, UK: Edward Elgar Publishing.

Searle, G. (2002). Uncertain Legacy: Sydney's Olympic Stadiums. *European Planning Studies, 10,* 845-860.

Shirbin, J. M. (1999). The Olympic Stadium: Innovation in Project Financing. *UNSW Law Journal, 22* (*3*), 799-812.

Siegfried, J. & Zimbalist, A. (2000). The Economics of Sports Facilities and Their Communities. *Journal of Economic Perspectives, 14* (*3*), 95-114.

Sydney Olympic Park. (2016). *Master Plan 2030: 2016 Review*. Sydney: Sydney Olympic Park Authority.

Yu, X. (2012). *Olympic Sport Venues in Beijing after the Games*. Saarbrücken, Germany: Lambert Academic Publishing.

Yuan, J., Skibniewski, M. J., Li Q. and Zheng, L. (2010). Performance Objectives Selection Model in Public-Private Partnership Projects Based on the Perspective of Stakeholders. *J. Mgmt. in Engrg. Volume 26, Issue 2,* pp. 89-104

Zimbalist, A. (2011). Brazil's long To-Do List. *Americas Quarterly, Summer,* 56-62.

その他

朝日新聞
産経新聞
日本経済新聞
毎日新聞
ロイター通信
ＡＢＣ
ＡＦＰ
AGONAsport
ＡＰ通信
China Daily

CNN
Daily Mail
Dezeen
Ekathimerini
Firstpost
Huffpost
IOL
La Vanguardia
Los Angeles Times
Newsweek
NPR
Rethinking The Future
SportsBusiness Daily
Sydney Morning Herald
The Atlantic
The Australian Financial Review
The Guardian
The New York Times

The Wall Street Journal
The Washington Post
The Weekend Australian Magazine
USA Today
USC News
ソウル特別市体育施設管理事務所（http://stadium.seoul.go.kr/）
AEK Athens FC（https://www.aekfc.gr/?lang=en）
ANZ Stadium（https://www.anzstadium.com.au/）
Atlanta Braves（https://www.mlb.com/braves）
FC Lokomotiv Moscow（https://www.fclm.ru/en/）
FC Dynamo Moscow（http://www.fcdynamo.ru/en/）
FC Spartak Moscow（https://www.spartak.com/）
Hellenic Republic Asset Development Fund（https://www.hradf.com/en/）
IOC（https://www.olympic.org）
London Stadium（https://www.london-stadium.com/stadium/about）
Los Angeles Memorial Coliseum（https://www.lacoliseum.com/）
Luzhniki Stadium（https://eng.luzhniki.ru/objects/bolshaya-sportivnaya-arena）
Mercedes-Benz Stadium（https://mercedesbenzstadium.com/）

Montreal Olympic Park（https://parcolympique.qc.ca/en/）
Olympiapark München（https://www.olympiapark.de/en/olympiapark-munich/）
Queen Elizabeth Olympic Park（https://www.queenelizabetholympicpark.co.uk/）
RCD Espanyol FC（https://www.rcdespanyol.com/en/home）
The Hellinikon Project（https://thehellinikon.com/en/）
Union of European Football Associations（https://www.uefa.com）

岡田 功（おかだ いさお）

一九六五年生まれ。大阪成蹊大学経営学部スポーツマネジメント学科教授。チュラロンコン大学（タイ）大学院修士課程修了。一九八八年から三〇年間、毎日新聞社記者を務めた。二〇〇七年度フルブライト研究員、二〇一五年度安倍フェローとしてハーバード大学客員研究員、オックスフォード大学客員研究員。日本スポーツマネジメント学会会員、米国マーケティング協会会員。著書に『メジャーリーグなぜ「儲かる」』（集英社新書）。

五輪《ごりん》スタジアム「祭《まつ》りの後《あと》」に何《なに》が残《のこ》るのか

二〇二〇年二月二二日 第一刷発行　集英社新書一〇一〇H

著者……岡田《おかだ》 功《いさお》

発行者……茨木政彦

発行所……株式会社集英社

東京都千代田区一ッ橋二-五-一〇　郵便番号一〇一-八〇五〇

電話　〇三-三二三〇-六三九一（編集部）

〇三-三二三〇-六〇八〇（読者係）

〇三-三二三〇-六三九三（販売部）書店専用

装幀……原 研哉

印刷所……大日本印刷株式会社　凸版印刷株式会社

製本所……加藤製本株式会社

定価はカバーに表示してあります。

ISBN 978-4-08-721110-8 C0275

Printed in Japan

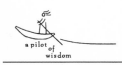

ジョコビッチはなぜサーブに時間をかけるのか

鈴木貴男　0999-H

現役プロテニス選手で名解説者でもある著者が、選手の「頭の中」まで理解できる観戦術を伝授する。

悪の脳科学

中野信子　1000-I

『笑ゥせぇるすまん』の喪黒福造を脳科学の視点で分析し、「人間の心のスキマ」を解き明かす！

「言葉」が暴走する時代の処世術

太田 光／山極寿一　1001-B

「伝える」ことより、そっと寄り添うことの方が大事！コミュニケーションが苦手なすべての人に贈る処方箋。

癒されぬアメリカ　先住民社会を生きる

鎌田 遵　1002-N〈ノンフィクション〉

トランプ政権下で苦境に立たされるアメリカ先住民。交流から見えた、アメリカ社会の実相と悲哀とは。

レオナルド・ダ・ヴィンチ　ミラノ宮廷のエンターテイナー

斎藤泰弘　1003-F

軍事技術者、宮廷劇の演出家、そして画家として活躍したミラノ時代の二〇年間の光と影を描く。

性風俗シングルマザー　地方都市における女性と子どもの貧困

坂爪真吾　1004-B

性風俗店での無料法律相談所を実施する著者による、ルポルタージュと問題解決のための提言。

羽生結弦を生んだ男　都築章一郎の道程

宇都宮直子　1005-N〈ノンフィクション〉

フィギュア界の名伯楽。私財をなげうち、世界を奔走した生き様、知られざる日露文化交流史を描く！

大学はもう死んでいる？　トップユニバーシティーからの問題提起

苅谷剛彦／吉見俊哉　1006-E

幾度となく試みられた大学改革がほとんど成果を上げていないのは何故なのか？　問題の根幹を議論する。

女は筋肉　男は脂肪

樋口 満　1007-I

筋肉を増やす運動、内臓脂肪を減らす運動……。科学的な根拠をもとに男女別の運動法や食事術が明らかに。

美意識の値段

山口 桂　1008-B

クリスティーズ日本法人社長が、美意識の磨き方と、ビジネスや人生にアートを活かす視点を示す！